As 5 linguagens do amor das crianças

As 5 linguagens do amor das crianças

Como expressar um compromisso de amor a seu filho

GARY CHAPMAN
ROSS CAMPBELL

Traduzido por Maria Emília de Oliveira

mundocristão

Publicado originalmente por Northfield Publishing, Chicago, Illinois, EUA.

Os textos bíblicos foram extraídos da *Nova Versão Transformadora* (NVT), da Tyndale House Foundation, salvo indicação específica.

CIP-Brasil. Catalogação na publicação
Sindicato Nacional dos Editores de Livros, RJ

C432g
2.ed.

Chapman, Gary D., 1938-
As 5 linguagens do amor das crianças: como expressar um compromisso de amor a seu filho / Gary Chapman, Ross Campbell; tradução Maria Emília de Oliveira. – 2. ed. – São Paulo: Mundo Cristão, 2017.
208 p.; 21 cm.

Tradução de: The 5 love languages of children: the secret to loving children effectively
ISBN 978-65-5988-314-1

1. Homens cristãos. 2. Pais – Biografia. 3. Pais – Conduta. 4. Pais e filhos – Conduta. 5. Responsabilidade dos pais – Aspectos religiosos – Cristianismo. I. Título.

17-43386 CDD: 649.1
CDU: 491.1

Categoria: Família
1ª edição: outubro de 1999
2ª edição: outubro de 2017
2ª edição (capa nova): abril de 2024
1ª reimpressão: 2025

Edição
Daniel Faria
Revisão
Rebeca Romero
Produção
Heda Lopes
Colaboração
Natália Custódio
Diagramação
Triall Editorial Ltda.
Capa
Jonatas Belan

Publicado no Brasil com todos os direitos reservados por:

Editora Mundo Cristão
Rua Antônio Carlos Tacconi, 69
São Paulo, SP, Brasil
CEP 04810-020
Telefone: (11) 2127-4147
www.mundocristao.com.br

Sumário

Introdução

Falando a linguagem do amor de seu filho

Seu filho se sente amado?

"Claro", você responde. "Digo a ele todos os dias." Mas você está comunicando esse amor de uma forma que ele entenda?

Cada criança tem uma linguagem de amor específica por meio da qual ela entende melhor o amor do pai ou da mãe. Este livro lhe mostrará como reconhecer e falar a principal linguagem do amor de seu filho, bem como as outras quatro linguagens do amor que poderão ajudá-lo a saber que você o ama. Conforme veremos, para tornar-se um adulto generoso, amoroso e responsável, seu filho precisa *saber* que é amado.

Este livro lhe apresentará as cinco linguagens do amor das crianças e o ajudará a determinar as linguagens principais por meio das quais seu filho ouve seu amor. Leia atentamente os cinco capítulos (2 a 6) que descrevem essas linguagens, para que seu filho se beneficie com as cinco maneiras de receber amor. Pratique todas as cinco linguagens do amor e tenha a certeza de que seu filho se sentirá amado por você. Como auxílio, cada capítulo termina com ideias práticas para você falar a respectiva linguagem do amor com seu filho.

De que modo, porém, você poderá saber qual é a linguagem do amor de seu filho? Leia o capítulo 7 para encontrar ideias.

Todos os aspectos do desenvolvimento da criança exigem um alicerce de amor. Por ser um livro sobre como aprender a amar melhor seu filho, *As 5 linguagens do amor das crianças* inclui sugestões completas para ser um bom pai ou uma boa mãe. À medida que trabalhar nessas áreas mais importantes, você descobrirá que os relacionamentos de sua família ficarão mais fortes e também mais descontraídos e divertidos.

A seguir, uma palavra pessoal de Gary para que você inicie este "curso de línguas" cujo objetivo é melhorar a maneira como transmite amor a seus filhos.

Uma palavra de Gary

O sucesso de *As 5 linguagens do amor* foi gratificante. Milhões de casais leram o livro e, melhor ainda, também puseram em prática os princípios ali contidos. Meus arquivos estão repletos de cartas de casais do mundo inteiro, expressando gratidão pela diferença que as linguagens do amor têm produzido nos casamentos. A maioria diz que o fato de aprender a principal linguagem do amor do cônjuge mudou radicalmente a atmosfera emocional de seu lar, e alguns afirmaram que o livro salvou seu casamento.

Esta obra teve origem nos muitos pedidos que recebi para "escrever um livro sobre as cinco linguagens do amor das crianças". Pelo fato de minha carreira profissional estar focada no aconselhamento para melhorar a vida conjugal, a princípio relutei em escrever sobre filhos, apesar de ter recebido centenas de informações de pais que aplicaram o conceito das linguagens do amor às crianças.

Quando a Northfield Publishing me encomendou um livro dessa natureza, entrei em contato com Ross Campbell, um amigo de muitos anos, e convidei-o para ser meu coautor. O dr. Campbell trabalhou muitos anos em medicina psiquiátrica, concentrando-se nas necessidades das crianças e dos adolescentes. Sua contribuição tem sido inestimável.

Sabendo que aquele primeiro livro sobre as linguagens do amor ajudou o casamento de muita gente, espero que este também ajude um grande número de pais, professores e outras pessoas que amam as crianças e trabalham com elas, para que se tornem mais eficientes na arte de suprir as necessidades de amor desses pequenos.

GARY CHAPMAN, PHD

1

O amor é o alicerce

Brad e Emily não conseguiam entender o que havia de errado com o filho de 8 anos, Caleb. Ele sempre havia sido um aluno acima da média e fazia os deveres de casa, mas naquele ano estava com problemas na escola. Depois que a professora passava um exercício, ele lhe pedia que o explicasse novamente. Recorria a ela oito vezes por dia para pedir mais explicações. Seria um problema de deficiência auditiva ou de compreensão? Brad e Emily submeteram o filho a um teste de audição, e um conselheiro escolar aplicou-lhe um teste de compreensão. Caleb tinha audição normal, e sua capacidade de compreensão era típica de um aluno do terceiro ano.

Outros fatos a respeito do filho intrigavam os pais. Às vezes, o comportamento de Caleb parecia quase antissocial. A professora almoçava cada dia ao lado de um aluno, mas algumas vezes Caleb empurrava os colegas para poder ficar perto dela. No recreio, ele deixava as outras crianças de lado sempre que a professora aparecia no parquinho. Corria até ela para fazer uma pergunta sem importância e fugia dos colegas. Quando a professora participava de um jogo durante o intervalo, o garoto tentava segurar a mão dela.

Os pais de Caleb já haviam conversado três vezes com a professora, mas nenhum dos três conseguiu identificar o problema. O menino, uma criança independente e feliz nos dois anos anteriores, parecia agora apresentar um "comportamento pegajoso", sem nenhum sentido. Também estava brigando com muito mais frequência com a irmã mais velha, Hannah, embora Emily e Brad achassem que o filho estava apenas atravessando uma fase passageira.

Quando o casal compareceu ao meu seminário "O casamento que você sempre quis" e contou-me sobre Caleb, ambos se mostraram preocupados, querendo saber se tinham uma criança rebelde nas mãos ou talvez um filho com problemas psicológicos.

— Dr. Chapman, sabemos que este é um seminário sobre casamento, e talvez a nossa pergunta não seja apropriada — disse Emily —, mas Brad e eu pensamos que o senhor poderia nos dar alguma orientação.

A seguir, eles descreveram o comportamento preocupante do filho.

Perguntei se o estilo de vida da família havia mudado naquele ano. Brad contou que era vendedor e ficava de plantão fora de casa duas noites por semana, mas nas outras noites permanecia em casa entre 18h e 19h30, tempo em que lia *e-mails* e mensagens de texto e via um pouco de televisão. Em outras épocas, nos fins de semana, ele quase sempre levava Caleb consigo aos jogos de futebol. Porém, naquele ano ainda não havia feito isso.

— Minha vida anda muito conturbada. Prefiro ver os jogos pela televisão.

— E você, Emily? — perguntei. — Sua vida sofreu alguma mudança nos últimos meses?

— Sim — ela respondeu. — Há três anos, quando matriculamos Caleb no jardim de infância, comecei a trabalhar meio período. Este ano, porém, estou trabalhando em tempo integral e chego mais tarde em casa. Na verdade, minha mãe busca Caleb na escola, e ele fica com ela durante uma hora e meia até que eu vá buscá-lo. Nas noites em que Brad está fora da cidade, Caleb e eu jantamos com meus amigos e depois voltamos para casa.

Já estava quase na hora de retomar o seminário, mas senti que começava a entender o que se passava com Caleb. Fiz, portanto, uma recomendação.

— Quando eu estiver falando a respeito de casamento, quero que cada um de vocês pense em como os princípios que vou apresentar poderão ser aplicados em seu relacionamento com Caleb. No final desse evento, gostaria de saber a que conclusão chegaram.

Eles pareceram um pouco surpresos por eu ter encerrado a conversa sem apresentar nenhuma sugestão, mas ambos estavam dispostos a atender ao meu pedido.

No fim do dia, enquanto os outros participantes do seminário se enfileiravam para deixar o local, Brad e Emily correram em minha direção como se tivessem descoberto algo.

— Dr. Chapman, acho que acabamos de descobrir o que se passa com Caleb — Emily disse. — Quando o senhor estava falando sobre as cinco linguagens do amor, nós dois concordamos que a principal linguagem do amor de nosso filho é *tempo de qualidade*. Ao pensar nos últimos quatro ou cinco meses, percebemos que temos dado a ele um tempo de qualidade inferior ao que costumávamos oferecer. Quando eu estava trabalhando meio período, pegava Caleb na escola todos os dias, e quase sempre fazíamos alguma atividade juntos no caminho de volta para casa. Resolvíamos algumas coisas, parávamos no parque ou tomávamos sorvete juntos. Ao chegar em casa, Caleb jogava um pouco no *tablet*. Depois do jantar, eu o ajudava nos deveres de casa ou via um filme com ele, principalmente nas noites em que Brad estava ausente. Tudo mudou desde que entrei no novo emprego, e percebi que tenho passado menos tempo com ele.

Olhei para Brad, que disse:

— Da minha parte, percebi que costumava levar Caleb aos jogos de futebol, mas, desde que parei de fazer isso, não substituí esse tempo com ele por nenhuma outra atividade. Realmente, não temos passado muito tempo juntos nos últimos meses. Preciso pensar em alguma forma de "estar com ele" mesmo quando viajo.

— Acho que vocês descobriram uma parte das verdadeiras necessidades emocionais de Caleb — eu lhes disse. — Se conseguirem suprir essa necessidade de amor que ele sente, penso que haverá grande chance de perceberem uma mudança em seu comportamento.

Sugeri algumas maneiras estratégicas de expressar amor por meio da linguagem do tempo de qualidade e pedi a Brad que separasse um período em sua agenda para passar com Caleb, mesmo a "longa distância". Incentivei Emily a encontrar meios de realizar as mesmas atividades de antes com o menino. Ambos pareceram ansiosos para transformar aquela descoberta em ação.

— Talvez existam outros fatores envolvidos — prossegui —, mas, se derem a seu filho grandes doses de tempo de qualidade e misturá-las com as outras quatro linguagens do amor, acredito que verão uma mudança radical nas atitudes dele.

Despedimo-nos. Não ouvi mais falar de Emily e Brad e, para ser sincero, até os esqueci. Porém, cerca de dois anos depois, quando retornei a Wisconsin para outro seminário, eles se aproximaram de mim, relembrando-me nossa conversa. Estavam muito sorridentes. Depois de trocarmos abraços, eles me apresentaram alguns amigos que haviam convidado para o seminário.

— Falem-me sobre Caleb — eu disse.

Ambos sorriram e disseram:

— Ele está ótimo. Pensamos várias vezes em escrever ao senhor, mas não levamos a ideia adiante. Voltamos para casa e seguimos suas orientações. Estabelecemos o propósito de oferecer longos períodos de tempo de qualidade ao nosso filho nos meses seguintes. Depois de duas ou três semanas, vimos uma expressiva mudança em seu comportamento na escola. Aliás, a professora nos chamou novamente e ficamos preocupados. Mas dessa vez ela queria saber o que havíamos feito para provocar tal transformação em Caleb.

A professora contou-lhes que o comportamento negativo do menino havia cessado: ele não estava mais empurrando as outras crianças no refeitório para poder ficar perto dela e deixou de procurá-la durante a aula para fazer uma pergunta atrás da outra. Então, Emily explicou que, depois de assistirem ao seminário, ela e o marido passaram a falar a "linguagem do amor" de Caleb. E completou:

— Contamos à professora como começamos a dar grandes doses de tempo de qualidade ao nosso filho.

Aquele casal aprendeu a se expressar na linguagem do amor do filho. Aprendeu a dizer "eu te amo" de uma forma que Caleb pudesse entender. Essa história me incentivou a escrever este livro.

Falar a principal linguagem do amor de seu filho não significa que ele não se tornará rebelde mais tarde. Significa que ele saberá que você o ama, e isso fará que ele sinta segurança e esperança em sua companhia. O uso da linguagem do amor adequada pode ajudar você a educar seu filho, tornando-o um adulto responsável. O amor é o alicerce.

Na criação de filhos, tudo depende do relacionamento de amor entre pais e crianças. Nada dará certo se as necessidades de amor do garoto ou da menina não forem supridas. Somente a criança que se *sente* genuinamente amada e cuidada consegue manifestar o que há de melhor em si mesma. Você pode amar seu filho de verdade, mas, se não falar a linguagem que lhe transmita amor, ele não se sentirá amado.

Enchendo o tanque emocional

Ao falar a linguagem do amor de seu filho, você enche o "tanque emocional" dele com amor. Quando seu filho se sente amado, torna-se muito mais fácil discipliná-lo e instruí-lo do que quando o tanque emocional dele está quase vazio.

Toda criança tem um tanque emocional, um reservatório de força emocional capaz de alimentá-la nos dias desafiadores da infância e da adolescência. Assim como os carros recebem energia do combustível armazenado nos tanques, nossos filhos são movidos pelo combustível armazenado em seus tanques emocionais. Precisamos encher esse tanque para que eles ajam como deveriam agir e alcancem seu potencial.

E com que enchemos esses tanques? Com amor, claro, mas com um tipo especial de amor que capacitará nossos filhos a crescer e a agir de forma correta.

Precisamos encher o tanque emocional de nossas crianças com amor incondicional, pois esse é o verdadeiro amor. Um amor completo, que aceita e apoia a criança pelo que ela é, não pelo que ela faz. Não importa o que ela faça (ou não faça), os pais continuam a amá-la. Infelizmente, alguns pais expressam amor condicional, que depende de outros fatores. Esse tipo de amor se baseia no desempenho e quase sempre está associado a técnicas de treinamento que oferecem presentes, recompensas e privilégios às crianças que se comportam ou atuam de maneiras desejáveis.

Claro que é necessário instruir e disciplinar nossos filhos, mas somente depois que seus tanques emocionais estiverem cheios (e reabastecidos, pois esvaziam com regularidade). Só o amor incondicional é capaz de evitar problemas como ressentimento, sensação de não ser amado, culpa, medo e insegurança. Só quando amamos nossos filhos incondicionalmente é que de fato somos capazes de entendê-los e de lidar com seus comportamentos, sejam bons ou ruins.

Ana se lembra de ter crescido num lar de modestos recursos financeiros. O pai trabalhava numa fábrica perto de casa; a mãe se dedicava às tarefas domésticas e, de vez em quando, trabalhava numa loja. Ambos eram esforçados e trabalhadores, motivos de orgulho no lar e na família. Ana ajudava a mãe a preparar o jantar. Em seguida, ela, o pai e os irmãos limpavam tudo e depois viam um pouco de televisão. O sábado era reservado às tarefas domésticas semanais e, eventualmente, a um jogo de futebol com os jovens. Nas noites de sábado, encomendavam *pizza*. Nos domingos de manhã, a família ia à igreja; à noitinha, passava um tempo com os parentes.

Quando Ana e seus irmãos eram menores, os pais os ouviam praticar leitura quase todas as noites, sempre os encorajando nos estudos porque queriam que os três filhos cursassem faculdade, embora eles próprios não tivessem tido essa oportunidade.

No ensino médio, Ana passava grande parte do tempo com Sophia. As duas assistiam à maioria das aulas juntas e, em geral, repartiam o lanche e trocavam mensagens de texto. Mas não frequentavam a casa uma da outra. Se frequentassem, veriam enormes diferenças. O pai de Sophia era um executivo bem-sucedido que se ausentava de casa a maior parte do tempo. A mãe de Sophia era médica e tinha a agenda lotada. A irmã mais velha estudava numa faculdade em outro estado. Nas férias, a família viajava para lugares como Londres e Los Angeles, que Sophia adorava. A mãe fazia o possível para estar com a filha mais nova e entendia os perigos de enchê-la de presentes em vez de simplesmente oferecer-lhe atenção.

As garotas continuaram boas amigas até o nono ano, quando Sophia ingressou num curso preparatório para a universidade, perto da casa de seus avós. No primeiro ano, as garotas mantiveram contato por meio de redes sociais; depois, Sophia começou a namorar, e os contatos tornaram-se menos frequentes. Ana ocupou-se dos estudos e fez novas amizades. Então, a família de Sophia se mudou, e Ana nunca mais recebeu notícias da amiga.

Se tivesse recebido, teria ficado triste por saber que, depois de casar e ter um filho, Sophia lutou com o alcoolismo e o fim de seu relacionamento. Em compensação, Ana estava estudando biologia avançada na faculdade.

O que fez a diferença na vida dessas duas amigas de infância? Apesar de não existir uma única resposta, podemos ver que parte do motivo se encontra no que Sophia contou certa vez a seu terapeuta: "Nunca me senti amada por meus pais. No início, envolvi-me com bebida porque queria que meus amigos gostassem de mim". Ao dizer isso, ela não estava tentando culpar os pais, mas querendo entender a si mesma.

Você notou o que Sophia disse? Ela não disse que seus pais não a amavam, mas que não se sentia amada. A maioria dos pais ama os filhos e deseja que os filhos se sintam amados, mas poucos sabem *como* expressar corretamente esse sentimento. Só quando os pais aprendem a amar incondicionalmente é que permitem que os filhos saibam quanto são amados de fato.

Uma palavra de esperança

Criar filhos emocionalmente saudáveis é uma tarefa cada vez mais difícil hoje em dia. A influência da mídia (inclusive dos meios de comunicação digitais, sempre presentes), o aumento de problemas psicológicos, como o narcisismo, a violência e a falta de esperança que atormentam algumas comunidades, o declínio da influência da igreja e até mesmo as simples atividades da classe média — tudo isso apresenta um desafio diário às famílias.

É nessa realidade que dirigimos uma palavra de esperança aos pais. Queremos que vocês desfrutem um relacionamento amoroso com seus filhos. Nesta obra, enfocamos um aspecto extremamente importante para os pais: suprir a necessidade de amor que os filhos sentem. Escrevemos este livro para ajudá-los a dar a seus filhos uma experiência maior do amor que vocês sentem por eles. Isso ocorrerá quando vocês falarem as linguagens do amor que eles entendem.

Toda criança tem uma forma especial de perceber amor. Há cinco maneiras pelas quais as crianças (na verdade, todas as pessoas) falam e entendem o amor emocional: *toque físico*, *palavras de afirmação*, *tempo de qualidade*, *presentes* e *atos de serviço*. Se você tem vários filhos, é provável que eles falem linguagens diferentes. Uma vez que as crianças têm personalidades diferentes, pode ser que elas ouçam as linguagens do amor de modo distinto. Em geral, portanto, duas crianças precisam ser amadas de maneiras diferentes.

Seja qual for a linguagem do amor que seu filho entenda melhor, ele precisa que o amor seja expresso de uma única maneira: incondicionalmente. O amor incondicional é uma luz orientadora que ilumina a escuridão e permite que nós, pais, saibamos onde estamos e o que necessitamos fazer para educar nosso filho. Sem esse tipo de amor, a criação de filhos se torna desorientada e confusa.

Seja qual for a linguagem do amor que seu filho entenda melhor, ele precisa que o amor seja expresso de uma única maneira: incondicionalmente.

Podemos definir melhor o amor incondicional mostrando o que ele faz. O amor incondicional mostra amor a uma criança *em qualquer situação*. Amamos a criança a despeito do que ela é, sem levar em conta seus pontos fracos ou fortes ou suas deficiências, a despeito do que esperamos que ela seja e, o mais difícil de tudo, a despeito da maneira como ela age. Não significa que temos de gostar de todos os comportamentos dela.

Significa que oferecemos e mostramos amor a ela o tempo todo, mesmo quando seu comportamento é reprovável.

Essas palavras soam como permissividade? Não. Ao contrário, significam que é preciso ter prioridades. O filho cujo tanque de amor está totalmente abastecido reage à orientação dos pais sem ressentimento.

Algumas pessoas receiam que isso possa tornar a criança "mimada", mas essa é uma interpretação errônea. O amor incondicional nunca é demasiado. A criança pode se tornar "mimada" por falta de disciplina ou por um amor inadequado, que se expressa ou ensina de forma equivocada. O verdadeiro amor incondicional jamais mimará uma criança, porque é impossível aos pais dar esse amor em excesso.

Se você não ama seu filho dessa maneira, terá dificuldades no início. Porém, quando praticar o amor incondicional, descobrirá que ele tem um efeito maravilhoso, à medida que você se tornar uma pessoa mais generosa e amorosa em todos os seus relacionamentos. Ninguém é perfeito, claro; portanto, não espere amar incondicionalmente o tempo todo. Mas, conforme prosseguir rumo a esse alvo, você se sentirá mais consistente em sua capacidade de amar em quaisquer circunstâncias.

Talvez seja útil lembrar periodicamente alguns aspectos um tanto óbvios a respeito dos filhos:

1. Eles são crianças.
2. Eles têm a tendência de agir como crianças.
3. A maioria dos comportamentos infantis é desagradável.
4. Quando fazemos nossa parte como pai ou mãe e os amamos apesar de seus comportamentos infantis, eles amadurecem e abandonam essas atitudes.
5. Se amamos nossos filhos somente quando eles nos agradam (amor condicional) e se expressamos nosso amor por eles apenas nessas ocasiões, eles não se sentirão genuinamente amados. Isso prejudicará a autoimagem deles,

fará com que se sintam inseguros e, claro, impedirá que desenvolvam autocontrole, privando-os de assumir um comportamento mais maduro. Portanto, o desenvolvimento e o comportamento de nossos filhos são de responsabilidade nossa e deles.

6. Se amamos nossos filhos somente quando eles cumprem nossas exigências e expectativas, eles se sentirão incompetentes e acreditarão que é inútil esforçar-se para fazer o melhor, uma vez que tudo que fizerem será insuficiente. Serão sempre atormentados pela insegurança, pela ansiedade, pela baixa autoestima e pela ira. Para prevenir esses problemas, precisamos nos lembrar com frequência de nossa responsabilidade pelo completo crescimento deles.
7. Se os amarmos incondicionalmente, eles se sentirão bem consigo mesmos e serão capazes de controlar a ansiedade e o comportamento até chegarem à fase adulta.

É claro que existem comportamentos apropriados para cada idade. Os adolescentes agem de modo diferente das crianças pequenas, e um garoto de 13 anos não tem o mesmo comportamento de um de 7 anos. Mas precisamos lembrar que eles ainda são crianças, e não adultos maduros; portanto, é compreensível que errem de vez em quando. Seja paciente com eles enquanto aprendem a crescer.

O que seu filho necessita de você

Este livro enfoca principalmente a necessidade que nossos filhos têm de amor e as maneiras pelas quais podemos provê-lo, uma vez que essa é a maior necessidade emocional deles e, por isso, algo que afeta grandemente o relacionamento entre pais e filhos. As outras necessidades, principalmente as físicas, são muito mais fáceis de identificar e, em geral, mais fáceis de suprir, mas não são tão satisfatórias nem provocam mudança de vida. Sim, precisamos oferecer abrigo, alimentação e roupas a nossos filhos, mas também somos responsáveis por seu crescimento mental e emocional e por sua saúde.

Houve um tempo em que nos preocupávamos com a "autoestima". Então, procuramos supri-la sendo bons pais, proporcionando estudos e atividades esportivas a nossos filhos e envolvendo-os em todas as áreas nas quais os adultos interagem com as crianças. É bem provável que tenhamos obtido sucesso em demasia! A criança com um senso exagerado de si mesma considera-se superior às outras — como se fosse um presente de Deus ao mundo, ou alguém merecedor de tudo que deseja. Estudos mostram que esse senso inflado de autoestima cresce assustadoramente entre os jovens de hoje. A professora de psicologia Jean Twenge observa que, desde a década de 1980, as doses de autoestima têm crescido entre crianças de todas as idades, e "o que começa como uma autoestima saudável pode se transformar rapidamente numa visão inflada de si mesmo".[1]

No entanto, há um fato igualmente perigoso. A criança que subestima seu valor lutará com pensamentos como "Não sou tão inteligente, tão atlética nem tão bonita quanto as outras". Seu lema é "Não posso"; sua voz interna, "Não sou". Vale a pena nos esforçarmos como pais para que nossos filhos desenvolvam uma autoestima positiva a fim de que se considerem membros importantes da sociedade — com talentos e habilidades especiais — e sintam o desejo de ser produtivos.

As crianças também têm uma necessidade universal de segurança e proteção. Neste mundo de incertezas, seja em casa ou "lá fora", os pais estão encontrando cada vez mais dificuldade para proporcionar essa sensação de segurança. Ao mesmo tempo, eles não podem ser como esses pais superprotetores de que ouvimos falar tanto (e nos quais temos medo de nos tornar!).

Conforme dissemos antes, nossa tarefa como pais é criar filhos maduros, capazes de agir e de prosperar no mundo.

A criança precisa desenvolver habilidades para se relacionar com os outros, para tratar todas as pessoas como se tivessem valor igual e para ser capaz de formar amizades caracterizadas por um equilíbrio saudável entre dar e receber. Sem essas habilidades, ela corre o risco de se tornar retraída e continuar assim na fase adulta. A criança que não tem habilidades essenciais de relacionamento também pode se tornar um indivíduo controlador e agressivo, desprovido de empatia, que trata os outros com crueldade. Além de tudo, a criança precisa aprender a saber lidar com a autoridade. Sem isso, nenhuma das outras habilidades terá valor.

Os pais precisam ajudar os filhos a desenvolver seus dons e talentos especiais; desse modo, os filhos sentirão uma satisfação interior e um senso de realização proveniente do uso de suas habilidades inatas. Os pais conscienciosos devem manter o delicado equilíbrio entre forçar e encorajar. (Para mais informações sobre esse assunto, leia *8 Great Smarts* [8 grandes inteligências], de Kathy Koch.[2])

Seu modo de agir com seus filhos lhes revela o que você sente a respeito deles. Se você começar a preparar uma lista com todas as maneiras de amar uma criança, duvido que consiga preencher mais que uma página. Não há tantas maneiras assim; e tudo bem, pois queremos que essa lista seja simples mesmo. O mais importante é manter o tanque de amor das crianças totalmente abastecido. Para isso, você pode simplesmente lembrar que as expressões comportamentais de amor podem ser divididas em toque físico, tempo de qualidade, presentes, atos de serviço e palavras de afirmação.

A partir do capítulo 2, nós o ajudaremos a descobrir qual é a principal linguagem do amor de seu filho. Se ele tiver menos de 4 anos, fale todas as cinco linguagens do amor. Toque carinhoso, palavras de apoio, tempo de qualidade, presentes e atos de serviço — todas essas linguagens convergem para suprir a necessidade de amor de seu filho. Se essa necessidade for suprida e a criança se sentir genuinamente amada, ela terá muito mais facilidade para aprender e reagir nas outras áreas. Esse amor se conecta a todas as demais necessidades da criança. Fale as cinco linguagens quando seu filho for mais velho também, porque ele necessita de todas elas para amadurecer, mesmo que deseje uma mais que as outras.

Quando você descobrir a linguagem do amor de seu filho e ele receber o amor de que necessita, não pense que todos os problemas da vida dele desaparecerão. Haverá contratempos e mal-entendidos. Mas seu filho, à semelhança de uma flor, se beneficiará de seu amor. Se for regado com água de amor, seu filho florescerá e abençoará o mundo com sua beleza. Sem esse amor, ele se tornará uma planta murcha, implorando por um pouco de água.

Uma vez que você deseja que seus filhos atinjam a plena maturidade, vai querer também mostrar-lhes amor em todas as linguagens e ensiná-los a usá-las. Isso terá valor não apenas para as crianças, mas também para as pessoas com quem elas conviverão e se relacionarão. Uma característica do adulto maduro é a capacidade de dar e receber afeto por meio de todas as linguagens do amor — toque físico, tempo de qualidade, palavras de afirmação, presentes e atos de serviço. Poucos adultos são capazes de fazer isso; a maioria dá ou recebe amor de uma ou duas maneiras.

Se você não agiu dessa forma no passado, talvez descubra que também está mudando e crescendo no entendimento e na qualidade de seus relacionamentos. Com o tempo, terá uma família verdadeiramente "poliglota".

2

Primeira linguagem do amor: Toque físico

Samantha é uma aluna do quinto ano cuja família se mudou recentemente para uma nova comunidade.

— Este ano está sendo muito difícil. Mudei de casa e tive de fazer novas amizades. Em minha escola antiga, eu conhecia todo mundo, e todos me conheciam.

Quando perguntamos se a atitude dos pais de tirá-la da escola e de se mudarem para outra cidade a fazia sentir-se não amada por eles, Samantha respondeu:

— Não, nunca pensei que eles fizeram isso de propósito. Sei que me amam porque sempre me cobrem de abraços e beijos. Eu não queria mudar, mas reconheço que o trabalho do papai é muito importante.

A linguagem do amor de Samantha é toque físico; esses contatos comunicam-lhe que seus pais a amam. Abraços e beijos são a maneira mais comum de falar essa linguagem do amor, mas existem outras. O pai levanta o filho de 1 ano acima de sua cabeça ou gira várias vezes a filha de 7 anos enquanto ela dá gargalhadas. A mãe lê uma história para a filha de 3 anos, sentada em seu colo.

Essas atividades que envolvem toque físico ocorrem entre pais e filhos, mas não com tanta frequência quanto você imagina. Estudos mostram que muitos pais tocam os filhos apenas quando necessário: para vesti-los ou tirar-lhes a roupa, para colocá-los no carro ou carregá-los até a cama. Parece que muitos pais não percebem quanto seus filhos necessitam ser tocados fisicamente e quanto é fácil usar esses meios para manter o tanque emocional deles abastecidos de amor incondicional.

O toque físico é a linguagem do amor mais fácil de ser usada de forma incondicional, porque os pais não precisam de ocasiões especiais ou de desculpas para expressá-la. Há oportunidades constantes para transferir amor ao coração de um filho por meio do toque físico. A linguagem do toque não se restringe a abraços e beijos, mas inclui qualquer tipo de contato corporal. Mesmo quando estão muito ocupados, os pais podem tocar carinhosamente o filho nas costas, no braço ou no ombro.

O toque físico é a linguagem do amor mais fácil de ser usada de forma incondicional.

Embora alguns pais demonstrem abertamente essa linguagem, outros chegam quase a evitar contato físico com os filhos. Em geral, essa restrição ao toque físico ocorre porque os pais não se dão conta do próprio comportamento ou não sabem como mudar a situação. Muitos se alegram quando aprendem que podem demonstrar amor dessa maneira tão simples.

Um pai que aprendeu o significado do toque físico

Christopher estava preocupado com seu relacionamento com a filha de 4 anos, Audrey, porque ela sempre se afastava dele e parecia não querer sua companhia. Christopher tinha um grande coração, mas era muito reservado e costumava não demonstrar seus sentimentos. Ele sempre se sentia desconfortável ao expressar emoções por meio do toque físico. Por desejar muito estar perto de Audrey, ele se dispôs a mudar de comportamento e começou a demonstrar-lhe amor tocando-a levemente no braço, nas costas ou nos ombros. Aos poucos, ele intensificou essa linguagem do amor e, com o tempo, conseguiu abraçar e beijar sua preciosa filha sem se sentir desconfortável.

Essa mudança não foi fácil para Christopher, mas, ao expressar-se desse modo, ele descobriu que Audrey necessitava de extraordinárias doses de amor paterno. Se não as recebesse, ela se tornaria zangada e aborrecida. Christopher entendeu que a falta de afeto de sua parte poderia posteriormente distorcer os relacionamentos de Audrey com figuras masculinas. Ele descobriu o poder dessa linguagem especial do amor.

Nos últimos anos, muitos estudos e pesquisas chegaram à mesma conclusão: os bebês que são carregados no colo e recebem carinhos e beijos desenvolvem uma vida emocional mais saudável do que aqueles que são deixados sozinhos por muito tempo, sem nenhum contato físico, como é o caso das crianças que vivem em orfanatos.

O toque físico é uma das vozes mais fortes de amor. Ele grita: "Eu amo você!". A importância de tocar os filhos não é uma ideia moderna. No primeiro século, pais hebreus que viviam na Palestina levaram suas crianças a Jesus para que este "pusesse as mãos sobre elas" (Mc 10.13). O evangelista Marcos relatou que os discípulos de Jesus repreenderam esses pais, pensando que o Mestre estava ocupado demais com assuntos "importantes" para gastar tempo com as crianças. Jesus, porém, indignou-se com seus discípulos. "'Deixem que as crianças venham a mim. Não as impeçam; pois o reino de Deus pertence aos que são como elas. Eu lhes digo a verdade: quem não receber o reino de Deus como uma criança de modo algum entrará nele'. Então, tomou as crianças nos braços, pôs as mãos sobre a cabeça delas e as abençoou" (Mc 10.14-16).

Você aprenderá a identificar a principal linguagem do amor de seu filho no capítulo 7. Talvez não seja o toque físico, mas não importa. Todas as crianças precisam desse toque, e pais sábios reconhecem a importância dessa linguagem, qualquer que seja a cultura em que vivem. Também reconhecem a necessidade de contatos carinhosos de outros adultos importantes, como dos avós.

O toque físico durante o crescimento

Bebês e crianças

Nossos filhos necessitam de uma profusão de contatos físicos durante os primeiros anos de vida. Felizmente, segurar e acariciar um bebê parece uma atitude quase instintiva para as mães e, em muitas culturas, os pais participam ativamente do ato de dar carinho aos filhos.

No entanto, em nossa sociedade moderna tão agitada, algumas vezes os pais não tocam os filhos como deveriam. Pais e mães trabalham muitas horas por dia e chegam cansados em casa. Se a mãe trabalha fora, ela deve ter certeza de que a pessoa encarregada de cuidar de seu filho dispõe de tempo e é capaz de dar-lhe carinho. A criança receberá afeto durante o dia ou será deixada no berço sozinha, sem se sentir amada? Na troca de fraldas, na hora da alimentação ou ao ser transportado de um lugar para outro, o bebê deve ser cuidado com amor e carinho. Até mesmo um bebê é capaz de perceber a diferença entre contatos carinhosos e contatos grosseiros ou irritantes. Nas ocasiões em que não estão por perto, os pais devem fazer o possível para garantir que seus filhos recebam um tratamento afetuoso.

À medida que o bebê cresce e se torna mais ativo, sua necessidade de toque físico não diminui. Trocar abraços e beijos, brincar de luta no chão, andar de cavalinho e outras atividades divertidas e carinhosas são muito importantes para o desenvolvimento emocional da criança. Ela necessita diariamente de muitos contatos significativos, e os pais devem se esforçar para lhe proporcionar essas expressões de amor. Se você não costuma abraçar as pessoas com frequência, poderá pensar que está indo conscientemente contra sua tendência natural. Mas você pode aprender. Quando passamos a entender a importância do contato carinhoso com nossos filhos, somos motivados a mudar.

Meninos e meninas necessitam igualmente de demonstrações físicas de afeto, embora os meninos as recebam menos que as meninas. Há muitas razões para isso, sendo a mais comum o fato de alguns pais acharem que o excesso de carinho físico pode, de alguma maneira, afetar a masculinidade do garoto. Claro que se trata de uma inverdade. O fato é que, quanto mais os pais mantiverem abastecido o tanque emocional de seus filhos, mais saudável será a autoestima e a identidade sexual dessas crianças.

Crianças em idade escolar

Quando começa a frequentar a escola, a criança ainda apresenta uma grande necessidade de toque físico. Um abraço quando ela sai de manhã para a escola pode fazer a diferença entre a segurança e a insegurança emocionais ao longo do dia. Um abraço quando ela volta para casa pode determinar se ela terá um comportamento (físico e mental) tranquilo e positivo, ou se fará um esforço para ser indisciplinada a fim de chamar atenção. Por quê? Todos os dias, as crianças enfrentam novas experiências na escola e sentem emoções positivas e negativas em relação aos professores e colegas. Portanto, o lar deve ser um refúgio, um lugar onde exista amor verdadeiro. Lembre-se de que o toque físico é uma das linguagens mais fortes de amor. Quando essa linguagem é usada de forma natural e carinhosa, seu filho se sente mais confortável e se comunica mais facilmente com os outros.

"Mas eu tenho dois meninos e, à medida que crescem, necessitam menos de carinho, principalmente de toque físico", alguém poderá argumentar. Não é verdade! *Todas* as crianças necessitam de contato físico durante a infância e a adolescência. Muitos meninos com idade entre 7 e 9 anos passam por uma fase em que resistem a carinhos, mas precisam desse contato físico. Eles têm a tendência de reagir melhor aos contatos de mais impacto, como lutas, empurrões, golpes de brincadeira, cumprimentos do tipo "toca aqui" etc. As meninas também gostam desse tipo de toque físico, mas aceitam contatos mais suaves porque, ao contrário dos meninos, não passam pela fase da resistência ao carinho.

Nessa fase, a criança experimentará muitos contatos físicos durante brincadeiras e jogos. O basquete e o futebol são esportes de contato. Quando vocês jogam juntos no quintal, estão misturando tempo de qualidade com toque físico. Mas o contato não deve se restringir a essas brincadeiras. Passar a mão nos cabelos de seu filho, tocá-lo no ombro ou no braço, dar-lhe tapinhas nas costas ou na perna acompanhados de algumas palavras de encorajamento são expressões de amor muito importantes para ele durante a fase de crescimento.

Para muitos pais, o tipo favorito de toque físico é o ato de segurar o filho no colo enquanto lê uma história para ele. Isso permite que os pais mantenham contato corporal com o filho por longos períodos de tempo, algo de muita importância e do qual a criança se lembrará pelo resto da vida.

Há outras ocasiões em que o toque físico é importante, como quando a criança está doente, machucada física ou emocionalmente, cansada, ou ainda quando algo divertido ou mesmo triste aconteceu. Os pais precisam estar convictos de que, nessas ocasiões, tratam os meninos da mesma maneira como tratam as meninas. Em alguns estágios do crescimento, a maioria dos meninos tende a achar que a demonstração de carinho é "feminina" demais; por isso, quando eles se mostram resistentes, é mais fácil para os pais se afastar um pouco. Alguns adultos também acham que os meninos são menos convidativos durante algumas fases do crescimento. Pais, se vocês apresentam esses sentimentos, é importante resistir a eles. Sigam em frente e deem aos garotos os contatos físicos de que necessitam, mesmo que eles pareçam não precisar disso.

Da pré-adolescência à adolescência

Durante os primeiros anos escolares de seu filho, é essencial lembrar que você o está preparando para a fase mais difícil da infância: a adolescência. Quando a criança é pequena, é relativamente fácil abastecer seu tanque emocional. (É claro que esse tanque se esvazia muito rápido e precisa ser sempre reabastecido.) À medida que a criança cresce, seu tanque de amor também cresce e, assim, torna-se cada vez mais difícil reabastecê-lo. Pai, com o tempo, aquele menino será maior, mais forte e mais esperto que você — pergunte a ele! Mãe, sua filha se tornará uma mulher maravilhosa, mais esperta e radiante que você!

Continue a abastecer o tanque de seus filhos com amor, mesmo quando eles não demonstrarem essa necessidade. Ao se aproximar da adolescência, os meninos talvez rejeitem o toque físico por considerá-lo muito feminino, enquanto as meninas notam o afastamento do pai. Se você deseja preparar adequadamente sua filha pré-adolescente para o futuro, não economize toques físicos. E já digo o porquê.

Durante a fase da pré-adolescência, as meninas têm uma necessidade particular de expressões de amor da parte do pai. Ao contrário do que ocorre com os meninos, nas meninas a importância de se sentirem seguras do amor incondicional aumenta e parece atingir o auge por volta dos 11 anos. Há uma razão para essa necessidade especial: em geral, nessa fase, as mães expressam mais afeição física que os pais.

Se você pudesse observar, na escola, um grupo de meninas do sexto ano, veria a diferença entre aquelas que estão prontas para a adolescência e aquelas que ainda estão tentando se preparar. Quando a menina está próxima dessa fase delicada da vida, ela sabe intuitivamente que precisa sentir-se bem consigo mesma. E sabe inconscientemente que precisa ter uma boa identidade sexual a fim de enfrentar os anos vindouros. É crucial que ela se sinta valorizada como mulher.

Ao observar as meninas, você verá que algumas enfrentam enormes dificuldades de relacionar-se com o sexo oposto. São tímidas e fogem dos meninos, ou são namoradeiras e até sedutoras. Embora os meninos apreciem a sedução de uma menina atraente, eles não a têm em alta consideração e geralmente a ridicularizam entre si. Porém, a verdadeira angústia para essa menina não está em sua reputação, mas em seu relacionamento com as outras garotas, que tendem a ficar magoadas em razão do comportamento dela com os meninos. Nessa fase, ter amizades normais com outras meninas que a apoiam é muito mais importante que estar com os meninos. Essas amizades também estabelecem um padrão para a vida inteira.

Algumas dessas meninas que você observar não recorrem a atitudes embaraçosas com os meninos. Agem de modo espontâneo em razão de sua autoestima saudável e de sua identidade sexual. Seus padrões de comportamento são coerentes e estáveis, seja interagindo com um esportista popular ou com um garoto tímido e hesitante. Você também observará que os meninos lhes dão muito mais valor. Acima de tudo, porém, elas mantêm uma amizade íntima, colaboradora e significativa com as outras garotas.

As meninas com autoestima e identidade sexual fortes e saudáveis conseguem suportar melhor as pressões negativas das colegas. Elas têm mais capacidade de seguir os padrões morais aprendidos em casa e estão mais bem preparadas para pensar por si mesmas.

Algumas meninas apresentam muitos problemas no relacionamento com as colegas enquanto outras se saem muito bem. Qual é a diferença entre elas? Você adivinhou: o tanque de amor. A maioria dos pais das meninas bem ajustadas mantém abastecido o tanque emocional das filhas. No entanto, se uma garota não conta com a presença do pai em casa, nem tudo está perdido. Ela poderá encontrar um bom pai substituto num avô ou num tio. Muitas meninas filhas de pais ausentes crescem e se tornam mulheres saudáveis em todos os sentidos.

O lado sombrio do toque físico

É triste, mas é verdade, que nem todo toque físico é motivado pelo amor. Parece que ouvimos quase todos os dias uma história sobre um professor, treinador, parente ou mesmo um líder religioso acusado de toque físico inadequado. Alguns de nós nos lembramos, sem lamentar, dos tempos em que o professor podia abraçar livremente uma de suas alunas. No entanto, o trauma suportado por aqueles que sofreram abuso sexual (ou abuso físico por explosões de raiva) não deve ser minimizado. A discussão sobre o toque físico inapropriado não faz parte do objetivo deste livro. Se você tiver interesse em conhecer mais sobre esse tema, há boas fontes de informações disponíveis. Recomendo a leitura de *Helping Victims of Sexual Abuse* [Ajudando vítimas de abuso sexual], de Lynn Heitritter e Jeanette Vought;[1] trata-se de um excelente resumo sobre esse assunto tão delicado.

Quando a principal linguagem do amor de seu filho é toque físico

Você deve ler o capítulo 7 para confirmar se a principal linguagem do amor de seu filho é toque físico. De todo modo, aqui estão algumas dicas. Para as crianças que compreendem essa linguagem, o toque físico comunica amor de maneira mais profunda que dizer "eu te amo", dar um presente, consertar uma bicicleta ou passar um tempo juntos. Sim, elas recebem amor mediante todas as linguagens, mas a mais clara e audível é a do toque físico. Sem abraços, beijos, tapinhas nas costas e outras expressões físicas de amor, o tanque emocional delas não ficará completamente abastecido.

Quando você utiliza a linguagem do toque físico com essas crianças, sua mensagem de amor é recebida com nitidez. Um abraço afetuoso transmite amor a qualquer criança, mas, especificamente com esse grupo, tal gesto será um grito de amor. Por outro lado, se usar o toque físico como expressão de raiva ou hostilidade, você as magoará profundamente. Um tapa no rosto é prejudicial a qualquer criança, mas tem um efeito devastador para aquelas cuja principal linguagem é toque físico.

Michelle só ouviu falar das cinco linguagens do amor quando seu filho Jaden tinha 12 anos. No final de um seminário sobre esse assunto, ela virou-se para uma amiga e disse:

"Agora eu entendo o Jaden. Faz anos que ele me irrita insistindo em me perseguir o tempo todo pela casa. Quando estou trabalhando no computador, ele se aproxima por trás de mim e cobre meus olhos com as mãos. Se passo por ele, segura o meu braço com força. Se ando pela sala quando ele está deitado no chão, ele agarra a minha perna. Algumas vezes, ele puxa o meu braço para trás. Antes, ele passava as mãos no meu cabelo quando eu estava sentada no sofá, mas deixou de fazer isso desde que eu lhe disse para não tocar em meu cabelo. Ele faz a mesma coisa com o pai e, normalmente, os dois terminam brincando de luta no chão.

"Agora percebo que a principal linguagem do amor de Jaden é toque físico. Ele tem me tocado todos esses anos porque deseja *ser* tocado. Reconheço que não sou muito inclinada a contatos corporais — meus pais não costumavam abraçar os filhos. Hoje entendo que meu marido tem sido carinhoso com Jaden quando brinca de luta com ele, ao passo que eu me esquivo quando ele se esforça para obter meu amor. Como não consegui enxergar isso todo esse tempo? Parece-me tão claro e simples agora".

Naquela noite, Michelle conversou com o marido sobre o seminário. William mostrou-se um pouco surpreso com o que ouviu. "Não imaginei que a luta fosse uma expressão de amor", ele disse à esposa. "Eu apenas estava fazendo o que era natural para mim. De fato, o toque físico é a minha principal linguagem do amor."

Quando ouviu essas palavras, Michelle se deu conta de outra coisa. Não era de admirar que William estivesse sempre querendo abraçá-la e beijá-la! Mesmo quando não estava interessado em sexo, ele era a pessoa que mais gostava de contatos físicos que ela conhecera. Naquela noite, Michelle sentiu como se tivesse muitas coisas novas em que pensar e decidiu aprender a falar a linguagem do toque físico. Para começar, ela corresponderia às aproximações do filho e do marido.

Na próxima vez em que Jaden cobriu-lhe os olhos com as mãos quando ela estava trabalhando no computador, Michelle levantou-se, virou-se e deu-lhe um grande abraço. Jaden ficou surpreso, mas riu. E, quando William passou os braços ao redor dela, Michelle reagiu como nos tempos de namoro. Ele sorriu e disse: "Vou querer que você compareça a mais seminários. Eles funcionam mesmo!".

Michelle continuou a se esforçar para aprender essa linguagem do amor e, com o tempo, o toque físico começou a ser mais confortável para ela. Logo depois, William e Jaden já estavam colhendo os benefícios de seu toque físico e retribuíram usando a principal linguagem do amor de Michelle: atos de serviço. Jaden tornou-se um menino ordeiro, e William assumiu a tarefa de aspirar o pó da casa. Michelle sentiu-se nas nuvens.

O que as crianças dizem

Para muitas crianças, o toque físico fala mais alto que palavras, presentes, tempo de qualidade e atos de serviço. Sem ele, seu tanque emocional nunca fica plenamente abastecido. Veja o que algumas crianças têm a dizer sobre o poder do toque físico.

Stella, 7 anos: "Eu sei que a mamãe me ama porque ela me abraça".

Jeremy, aluno do ensino médio, contou-nos como sabia que seus pais o amavam: "Eles demonstravam amor o tempo todo. Até onde consigo lembrar, todas as vezes que saía eu recebia um abraço e um beijo da minha mãe e um abraço do meu pai (quando ele estava em casa). E o mesmo acontecia todas as vezes que eu voltava. Isso continua até hoje. Alguns amigos meus ficam surpresos, pois cresceram em famílias em que o toque físico com os filhos não era comum, mas eu gosto disso. Até hoje fico esperando pelos abraços dos meus pais. Eles me transmitem sensação de calor humano".

Fizemos esta pergunta a Hunter, 11 anos:

— Numa escala de zero a dez, quanto seus pais o amam?

Sem pestanejar, ele respondeu:

— Dez.

Quisemos saber por que tinha esse sentimento tão forte, então ele afirmou:

— Primeiro porque eles dizem que me amam e, melhor que isso, pela forma como me tratam. Papai sempre esbarra em mim quando cruzamos o caminho um do outro, e então rolamos no chão. Ele é muito divertido. E a mamãe sempre me abraça, apesar de ter parado de fazer isso na frente dos meus amigos.

Taylor, 12 anos, mora com a mãe a maior parte do tempo e visita o pai em fins de semana alternados. Ela contou que se sente especialmente amada pelo pai. Quando perguntamos o motivo, respondeu: "Porque todas as vezes que vou visitá-lo, ele me abraça, me beija e diz que está muito feliz por me ver. Quando vou embora, ele me abraça demoradamente e diz que sente saudades de mim. Sei que minha mãe também me ama, porque ela faz muitas coisas para mim, mas gostaria que ela me abraçasse e ficasse tão entusiasmada por estar comigo como meu pai".

Se o toque físico for a principal linguagem do amor de seu filho e você não é, por natureza, uma pessoa com essa tendência, mas mesmo assim deseja aprender essa linguagem, talvez seja útil começar a tocar em si mesmo. Sim, estamos falando sério. Toque seu braço com a outra mão, começando pelo pulso e subindo lentamente até o ombro. Massageie seu ombro de leve. Depois, repita isso no outro braço. Passe as mãos em seus cabelos, massageando o couro cabeludo, movimentando--as da frente para trás. Sente-se de forma ereta, com os dois pés apoiados no chão, e dê tapinhas em suas pernas no ritmo que preferir. Coloque uma das mãos sobre o estômago, curve--se para a frente até tocar os pés e massageie os tornozelos. Levante-se e diga: "Pronto, consegui tocar em mim e agora posso tocar em meu filho!".

Para aqueles que nunca experimentaram o toque físico e o consideram desagradável, esse exercício pode ser o primeiro passo para derrubar as barreiras do contato corporal. Se você se enquadra nesse perfil, talvez queira repetir o exercício uma vez por dia até ter coragem para iniciar um contato físico com seu filho ou cônjuge. Assim que iniciar, estabeleça um objetivo e toque em seu filho todos os dias propositalmente. Mais tarde, você poderá utilizar muitas outras formas de toque físico. Qualquer pessoa é capaz de aprender a linguagem do toque físico. E, se essa for a principal linguagem do amor de seu filho, valerá a pena esforçar-se para aprendê-la.

Se a linguagem do amor de seu filho for TOQUE FÍSICO:

Apresentamos a seguir outras ideias indicadas para pais e mães. Escolha algumas para tentar algo novo que seu filho provavelmente apreciará.

- Ao rever seu filho pequeno ou ao despedir-se dele, abrace-o demoradamente. Ajoelhe-se se ele for muito novinho.
- Deixe que seu filho segure ou abrace um cobertor ou outra peça macia, para aquietá-lo.
- Abrace e beije seu filho todos os dias quando ele for à escola e quando voltar, bem como quando aninhá-lo na cama à noite, se ele for muito pequeno.

- Acaricie os cabelos de seu filho ou coce as costas dele quando ele lhe disser que teve um dia difícil ou estiver aborrecido.
- Logo após disciplinar seu filho, separe um momento para abraçá-lo a fim de mostrar que o castigo se baseou nas consequências das escolhas erradas que ele fez, mas que você continua a amá-lo e a querê-lo como filho.
- Aconchegue-se a ele no sofá quando estiverem vendo televisão juntos.
- Faça um gesto do tipo "toca aqui" como sinal de congratulação todas as vezes que seu filho fizer algo positivo.
- Compre para ele um presente que remeta a um toque físico, como um travesseiro, um cobertor ou um agasalho macio.
- De vez em quando, convoque a família inteira para um "abraço em grupo", sem levar em conta quantos vocês sejam. Para ser mais divertido, inclua os animais de estimação, como o cão ou o gato.
- Divirtam-se com jogos ou esportes que demandem contato corporal. Isso possibilitará que vocês passem um tempo juntos e troquem toques físicos de uma maneira que não pareça forçada.
- Convide-o para cantar músicas que estimulem o movimento e o contato físico, tais como aquelas que orientam a bater palmas, girar ou pular. Há muitos DVDs infantis que podem ajudá-lo nesse sentido.
- Faça "guerras de cócegas" com seu filho, tomando cuidado para que a atividade não se torne irritante para ele.
- Se seu filho ainda for pequeno, coloque-o no colo e leiam histórias juntos.
- Quando seu filho estiver doente ou machucado, reserve um tempo extra para cuidar dele carinhosamente, limpando-lhe o rosto com um lencinho, por exemplo.
- Deem as mãos ao orar em família.

3

Segunda linguagem do amor: Palavras de afirmação

"Se meu pai me ama? Claro. Quando eu jogo futebol, ele sempre torce por mim e depois do jogo me diz: 'Obrigado por se esforçar'. Ele diz que o mais importante não é ganhar, mas dar o melhor de mim."

Sam, 11 anos, prosseguiu: "Eu erro algumas vezes, mas ele fala para eu não me preocupar e comenta que vou melhorar se continuar fazendo o melhor que posso".

As palavras são poderosos meios de expressão de amor. Palavras de afeto e carinho, palavras de elogio e encorajamento, palavras positivas de orientação, todas comunicam a mesma coisa: "Eu me importo com você". Elas se assemelham a uma chuva morna e suave irrigando a alma, pois nutrem o senso de valor e segurança no íntimo de seu filho. Mesmo que sejam ditas rapidamente, não são esquecidas com facilidade. A criança recebe os benefícios das palavras de afirmação durante a vida inteira.

Por outro lado, palavras que ferem, proferidas em momentos de frustração, podem prejudicar a autoestima da criança e lançar dúvidas sobre sua capacidade. As crianças pensam que acreditamos piamente em tudo que dizemos. O antigo provérbio hebraico não exagera: "A língua tem poder para trazer morte ou vida" (Pv 18.21).

> As crianças pensam que acreditamos piamente em tudo que dizemos.

A segunda linguagem do amor são *palavras de afirmação*. Algumas crianças sentem maior sensação de amor nas expressões de afirmação, as quais não precisam ser o clássico "eu te amo", conforme veremos a seguir.

Entendendo o "eu te amo"

Muito antes de serem capazes de entender o significado das palavras, as crianças recebem mensagens emocionais. O tom de voz, o modo gentil, a sensação de carinho, tudo isso comunica aconchego emocional e amor. Todos os pais falam com seus bebês, e o que os bebês entendem é a expressão no rosto e os sons afetuosos, em conjunto com a proximidade física.

As crianças pequenas desenvolvem aos poucos a capacidade de usar palavras e conceitos; por isso, nem sempre sabem o que queremos dizer, mesmo quando pronunciamos um "eu te amo". Amor é um conceito abstrato. Elas não podem ver o amor da mesma forma que veem um brinquedo ou um livro. Pelo fato de tenderem a pensar concretamente, precisamos ajudá-las a entender o que queremos dizer quando expressamos amor. As palavras "eu te amo" assumem um significado maior quando a criança consegue associá-las aos sentimentos afetuosos dos pais, e em geral isso significa proximidade física. Por exemplo, quando você estiver lendo para seu filho na hora de dormir, segurando-o bem perto de si, num ponto da história em que os sentimentos dele estiverem mais afetuosos e ternos, você poderá dizer suavemente: "Eu te amo, querido".

Tão logo a criança começar a entender o que significa "eu te amo", use essas palavras de formas diferentes e em momentos distintos, de modo que ela as relacione com fatos corriqueiros, como em um passeio ou indo à escola. Você poderá também misturar palavras de amor com elogios sinceros ao seu filho. Kathleen, hoje mãe de duas crianças, diz: "Eu me lembro de como minha mãe falava sobre meus lindos cabelos ruivos. Ela fazia comentários positivos enquanto os penteava antes de eu ir para a escola, e isso contribuía para a minha autoestima. Anos depois, quando descobri que nós, as ruivas, somos minoria, nunca tive sentimentos negativos a respeito de meus cabelos. Tenho certeza de que os comentários carinhosos de minha mãe tiveram muito a ver com isso".

O elogio correto

Elogio e afeto quase sempre se misturam nas mensagens que transmitimos a uma criança. Precisamos distingui-los. Afeto e amor significam expressar *apreço pelo que a criança é*, por aquelas características e habilidades que fazem parte do conjunto que a identificam. Em contraste, expressamos *elogio pelo que a criança faz* em suas conquistas, comportamentos ou atitudes conscientes. O elogio, como estamos definindo aqui, refere-se àquilo sobre o qual a criança tem algum controle.

Se você deseja que os elogios sejam realmente significativos para seu filho, seja muito cuidadoso com o que diz. Se usar o elogio com muita frequência, suas palavras terão pouco efeito positivo. Por exemplo, você diz algo como "Você é uma boa menina". São palavras maravilhosas, mas é preciso sabedoria para usá-las. É muito mais eficiente dizer isso quando a criança faz alguma coisa que a deixa satisfeita e pela qual espera um cumprimento. Isso é especialmente verdadeiro no que se refere a elogios específicos como "Que bela jogada!", quando o lance foi apenas regular. As crianças sabem quando o elogio é dado por motivos justificados e quando é dado simplesmente para fazê-las se sentirem bem, portanto poderão interpretar o próximo elogio como falso.

Os elogios frequentes e aleatórios são arriscados por outro motivo. Algumas crianças ficam tão habituadas a ouvi-los que os consideram normais e esperam sempre por eles. Quando não os recebem, supõem que não agiram corretamente e tornam-se ansiosas. Quando verem outras crianças que não recebem tal apoio, talvez questionem por que sentem essa necessidade excessiva de elogios.

Desejamos elogiar as crianças que amamos, claro, mas devemos nos assegurar de que o elogio seja verdadeiro e justificado. Do contrário, elas poderão considerá-lo uma adulação equivalente a uma mentira.

O poder do encorajamento

A palavra *encorajar* significa "incutir coragem". Procuramos dar aos filhos a coragem para ousar mais. Para os pequenos, quase todas as experiências são novas. Aprender a andar, a falar ou a andar de bicicleta exige coragem constante. Com nossas palavras, encorajamos ou desencorajamos os esforços das crianças.

Os patologistas de fala e linguagem dizem que as crianças aprendem a falar imitando os adultos; porém, o processo é intensificado não apenas quando estes pronunciam as palavras de modo claro, mas também quando encorajam verbalmente as valorosas tentativas da criança de pronunciá-las corretamente. Afirmações como "Você está quase conseguindo", "Está indo bem", "Sim, ótimo" e "Você conseguiu" encorajam a criança a aprender as palavras que estão tentando pronunciar e a desenvolver um futuro vocabulário.

O mesmo princípio se aplica ao aprendizado de habilidades sociais da criança. "Vi que você dividiu seus brinquedos com Madison. Gosto disso. A vida torna-se muito mais fácil quando compartilhamos o que temos." Tais palavras dão à criança aquela motivação interior extra para lutar contra o que parece ser um desejo natural de acumular coisas. Pense num pai que diz ao filho estudante do sexto ano: "Danny, notei que esta noite, depois do jogo, você ouviu atentamente o que Ravi disse sobre a atuação dele no jogo. Fiquei muito orgulhoso de você por ter dado uma atenção especial a ele, enquanto os outros lhe davam tapinhas nas costas ao passarem por vocês. Ouvir as pessoas é um dos maiores presentes que você pode dar a elas". Esse pai está incutindo em Danny a coragem de desenvolver a arte de ouvir, uma das mais importantes no campo dos relacionamentos humanos.

Talvez você ache difícil usar palavras de encorajamento. Tenha em mente que um aspecto de sentir-se encorajado é sentir-se bem fisicamente. Exuberância e vitalidade exigem energia. Isso significa que, como pais, nossa saúde física, mental, emocional e espiritual precisa ser a melhor possível. Quando nos sentimos encorajados, temos mais capacidade de encorajar nossos filhos. Nos lares em que o pai e a mãe estão presentes, ambos devem incentivar um ao outro. Se você for solteiro ou separado, procure amigos ou parentes de confiança que animem seu espírito e lhe propiciem energia.

O maior inimigo que nos impede de encorajar nossos filhos é a ira. Quanto mais raiva houver no coração dos pais, mais ela será descarregada sobre os filhos, resultando em crianças que se voltam contra autoridades e contra os pais. Isso significa naturalmente que pais conscienciosos farão o possível para abrandar a ira — isto é, mantê-la num nível mínimo e lidar com ela de forma madura.

O maior inimigo que nos impede de encorajar nossos filhos é a ira.

O autor de Provérbios diz com sabedoria: "A resposta gentil desvia o furor, mas a palavra ríspida desperta a ira" (Pv 15.1). O volume da voz dos pais exerce grande influência na reação da criança sobre o que eles dizem. Falar de forma branda requer prática, e essa é uma arte que todos nós temos capacidade de aprender. Mesmo quando estivermos irritados com nossos filhos, podemos aprender a falar com calma, fazendo perguntas sempre que possível em vez de dar ordens. Por exemplo, quais das seguintes afirmações encorajariam melhor uma criança ou adolescente: "Leve o lixo para fora já!" ou "Por favor, você poderia levar o lixo para fora?" Quando tentamos encorajar nossos filhos numa área específica, é mais provável que reajam favoravelmente às nossas ideias do que as rejeitem.

O que Mark levou para a guerra

Anos atrás, em Minnesota, uma professora de matemática do ensino fundamental fez algo extraordinário. Ela pediu aos alunos que fizessem uma lista com os nomes de todos os colegas da classe, deixando um espaço entre os nomes. Depois, pediu-lhes que pensassem na característica mais positiva de cada um dos colegas mencionados na lista e a escrevesse ao lado do respectivo nome. Ao final da aula, ela recolheu as listas e, no fim de semana, escreveu o nome de cada aluno numa folha separada, relacionando o que todos haviam dito sobre ele. Na segunda-feira, entregou a cada aluno a sua lista.

Quando começaram a ler, eles passaram a cochichar entre si: "Nunca pensei que o que fiz foi importante para alguém" ou "Eu não sabia que os outros gostavam tanto de mim". As listas não foram discutidas na sala de aula; porém, a professora sabia que o exercício havia sido um sucesso porque deu aos alunos um sentimento muito positivo sobre si mesmos.

Muitos anos mais tarde, um daqueles alunos foi morto no Vietnã. Quando seu corpo voltou a Minnesota, quase todos os seus colegas de classe, e também a professora de matemática, compareceram ao funeral. No lanche após o enterro, o pai do rapaz disse à professora:

— Quero lhe mostrar uma coisa — e retirou uma carteira do bolso. — Encontraram isto com Mark quando ele foi morto. Achamos que a senhora talvez saiba do que se trata.

Abrindo a carteira, ele pegou duas folhas de caderno envelhecidas, remendadas com fita adesiva e dobrada por diversas vezes. Era a lista das características positivas que os colegas de Mark haviam escrito sobre ele.

— Muito obrigada por ter feito aquilo — a mãe de Mark disse à professora. — Como a senhora pode ver, nosso filho guardou esta lista como se fosse um tesouro.

Um após outro, os colegas de Mark começaram a revelar que cada um deles ainda guardava sua lista e que a lia com frequência. Alguns a carregavam na carteira; um deles chegou a colocá-la em seu álbum de casamento. Outro disse:

— Acho que todos nós guardamos nossa lista.[1]

Mensagem correta, maneira errada

As palavras de encorajamento são mais eficazes quando focalizam um esforço específico de seu filho. O objetivo é surpreendê-lo no momento em que ele estiver realizando algo bom e elogiá-lo por aquela atitude. Sim, isso exige muito mais esforço que surpreendê-lo fazendo algo errado e condená-lo por isso, mas o resultado valerá a pena: você guiará seu filho em direção ao desenvolvimento da moral e da ética.

As crianças necessitam de orientação. Aprendem a falar ouvindo determinada língua. Aprendem a comportar-se vivendo em determinado tipo de sociedade. Em muitas culturas, os pais têm a responsabilidade principal pela socialização dos filhos. Isso envolve não apenas o que é socialmente certo e errado, mas também o desenvolvimento ético e moral das crianças.

Todas as crianças são orientadas por alguém. Se vocês, como pais, não forem os principais orientadores de seus filhos, outras influências e indivíduos assumirão esse papel: a escola, a mídia, a cultura, outros adultos ou ainda outros colegas (que são orientados por alguém). Façam a si mesmo esta pergunta: "Meus filhos estão recebendo orientação positiva e amorosa?". A orientação amorosa sempre tem em mente os melhores interesses da criança. Seu propósito não é fazer os pais e outros adultos parecerem boas pessoas, mas ajudar a criança a desenvolver as qualidades que lhe serão úteis no futuro. A quarta categoria de palavras de afirmação oferece a seu filho a instrução segura para o futuro. Trata-se de um elemento poderoso do segundo tipo de linguagem do amor.

É comum os pais transmitirem a mensagem certa de maneira errada. Eles orientam os filhos a se manterem longe das bebidas, mas seu modo duro e cruel de falar pode levá-los ao alcoolismo. As palavras de orientação precisam ser transmitidas de modo positivo. Uma mensagem positiva transmitida de maneira negativa sempre apresenta resultados negativos. Uma criança disse: "Meus pais gritam e berram comigo e dizem que não devo gritar e berrar. Eles esperam que eu faça coisas que não aprenderam a fazer. É injusto".

Outra dificuldade é que muitos pais veem a orientação que dão aos filhos como um exercício de proibições: "Não minta", "Não bata em sua irmã", "Não atravesse a rua", "Não coma muitos doces". E mais tarde: "Não beba se for dirigir", "Não engravide", "Não fume", "Não experimente drogas", "Não vá àquele *show*". Todas essas advertências são válidas, mas dificilmente constituem instrução suficiente para desenvolver uma vida significativa. É certo que a proibição faz parte da orientação dos pais, mas nunca deve ser o elemento predominante. No relato bíblico sobre o jardim do Éden, Deus deu a Adão e Eva somente uma instrução negativa; todas as outras foram positivas. Deu-lhes um trabalho importante para preencher a vida com atividades produtivas. Muito tempo depois, quando chegaram ao Sinai, os filhos de Israel receberam os Dez Mandamentos, que incluem ordenanças positivas e negativas. As orientações de Jesus no Sermão do Monte são predominantemente positivas.

> Muitos pais veem a orientação que dão aos filhos como um exercício de proibições.

O negativo é necessário, mas apenas como parte da orientação que damos a nossos filhos. A lei suprema é a lei do amor, e é de orientações amorosas e positivas que nossos filhos necessitam desesperadamente. Se pudermos guiá-los a objetivos positivos e importantes, eles terão menos probabilidade de se tornar presas dos perigos que queremos que evitem.

Os pais que oferecem palavras amorosas de orientação observam de perto os interesses e as habilidades dos filhos e fornecem reforço verbal positivo. Em assuntos que vão desde interesses acadêmicos e simples regras de etiqueta até a complexa arte dos relacionamentos pessoais, os pais precisam expressar amor emocional aos filhos por meio de orientações verbais positivas.

Se seu filho for adolescente, em vez de condenar os amigos dele que estão fazendo escolhas erradas, será muito melhor ter uma conduta amorosa que expresse preocupação por ele. Conversem a respeito de acidentes e mortes que envolvem drogas e álcool e diga que se entristece muito com a devastação causada na vida desses jovens e de suas famílias. Quando ouvir expressões de amor e preocupação pelos outros jovens, seu filho terá mais facilidade de identificar-se com você do que quando ouvi-lo condenando pessoas que cometem esses erros.

Quando a principal linguagem do amor de seu filho são palavras de afirmação

As palavras "eu te amo" deveriam estar sempre desacompanhadas de segundas intenções. Dizer "Eu te amo... Você poderia fazer isto por mim, por favor?" anula o sentimento de amor. Dizer "Eu amo você, mas saiba que..." cancela o sentimento de amor. A expressão "eu te amo" nunca deveria ser diluída com afirmações condicionais. Isso se aplica a todas as crianças, mas em especial àquelas cuja linguagem do amor se manifesta em palavras.

Os pais de Cole, 10 anos, achavam o filho muito apático. Haviam tentado tudo que conheciam para que ele demonstrasse mais interesse pela vida, desde esportes até um cão, e não sabiam mais o que fazer. Frequentemente, reclamavam com Cole sobre sua atitude, dizendo que deveria ser grato por ter pais que se importavam com ele; também afirmavam que precisava encontrar uma atividade que lhe despertasse o interesse e à qual pudesse se dedicar. Chegaram a ameaçar levá-lo a um psicólogo se ele não se mostrasse mais entusiasmado pela vida.

Depois que assistiram a um seminário sobre as linguagens do amor, Steve e Jen imaginaram imediatamente que a principal linguagem do amor de Cole devia ser esta: palavras de afirmação. Perceberam que era isso que faltava ao filho. Ao contrário, eles o enchiam de presentes e abraços diários, proporcionando-lhe tempo de qualidade e atos de serviço. Mas as palavras dirigidas ao filho enviavam outra mensagem: crítica.

Esses pais decidiram, então, elaborar um plano. Começaram a fazer um esforço consciente para dar a Cole palavras de afirmação, iniciando com comentários sobre o que gostavam nele. Quando se sentiram preparados para essa experiência, decidiram que durante um mês se concentrariam em esforçar-se para que suas palavras comunicassem esta mensagem: "Nós nos importamos com você, nós o amamos, nós gostamos de quem você é".

Cole era uma criança fisicamente atraente; assim, seus pais começaram a fazer comentários sobre sua aparência. Não amarravam as palavras de afirmação a sugestões do tipo: "Você é forte. Deveria jogar futebol". Ao contrário, comentavam sobre a força atlética do filho e paravam por aí. Também começaram a buscar no comportamento de Cole atitudes que lhes agradavam e, então, faziam afirmações positivas. Quando Cole alimentava o cão, expressavam satisfação em vez de dizer: "Já era hora". Quando tinham de dar orientações, tentavam transmiti-las de modo positivo.

Um mês depois, Steve e Jen relataram: "É inacreditável como Cole mudou! Ele é um garoto diferente agora... Talvez porque sejamos pais diferentes. Sua atitude em relação à vida é muito mais positiva. Ele compartilha brincadeiras conosco e sorri. Está alimentando o cão e recentemente foi jogar futebol com os amigos. Parece que estamos no caminho certo".

A descoberta modificou o casal e também Cole. O casal aprendeu que ser pai e mãe não é apenas fazer o que o instinto diz. Cada criança é diferente; portanto, é essencial transmitir-lhe afeição por meio de sua principal linguagem do amor. A história de Jen e Steve mostra que é possível usar erroneamente a linguagem do amor de uma criança, trazendo-lhe mágoa e frustração. A linguagem de Cole eram palavras de afirmação — e seus pais estavam lhe dando palavras de condenação. Embora essas palavras sejam prejudiciais a qualquer criança, são extremamente destrutivas para aquela cuja principal linguagem do amor são palavras de afirmação.

Se você acha que essa é a linguagem de seu filho e, ainda assim, enfrenta dificuldade para utilizar expressões afirmativas, sugerimos que mantenha à mão um caderno intitulado "Palavras de afirmação". Quando ouvir outros pais dizendo palavras de afirmação aos filhos, anote-as no caderno. Quando ler um artigo sobre criação de filhos, registre todas as palavras positivas que encontrar. Procure livros sobre relacionamento entre pais e filhos e registre todas as palavras de afirmação que descobrir. Depois, pratique dizendo essas palavras diante do espelho. Quanto mais vezes repeti-las, mais se apropriará delas. A seguir, procure oportunidades de dizê-las a seu filho, pelo menos três vezes por dia.

Se perceber que voltou aos antigos padrões de condenação e negativismo, diga a seu filho que lamenta muito, que percebeu que essas palavras o magoam e que seu sentimento por ele não é negativo. Peça-lhe perdão. Conte que está se esforçando para ser um pai ou mãe melhor, que o ama profundamente e quer transmitir esse amor de forma mais eficiente. No devido tempo, você será capaz de romper com os velhos hábitos e estabelecer novos padrões. A melhor recompensa será ver o efeito no semblante de seu filho, principalmente nos olhos dele, e você sentirá isso em seu coração. Há também boas chances de você começar a receber palavras de afirmação de seu filho; afinal, quanto mais ele se sentir amado, mais amável será.

O que as crianças dizem

As quatro crianças mencionadas a seguir indicaram as palavras de afirmação como sua principal linguagem do amor.

Melissa, 8 anos, disse: "Amo minha mãe porque ela me ama. Todos os dias ela diz que me ama. Acho que meu pai também me ama, mas ele nunca diz isso".

Grace, 12 anos, quebrou o braço. "Sei que meus pais me amam porque eles me apoiaram quando tive dificuldade com minhas tarefas escolares. Nunca me forçaram a fazer os deveres de casa quando eu não estava me sentindo bem e me instruíam para que os fizesse mais tarde. Diziam que se sentiam orgulhosos por eu estar me esforçando tanto e que sabiam que eu seria capaz de manter o ritmo".

Jacob é um menino de 5 anos, ativo e seguro de que seus pais o amam. "Minha mãe e meu pai me amam. Eles me dizem todos os dias: 'Nós te amamos'".

John, 10 anos, vive em lares adotivos desde os 3 anos. Há um tempo vem morando com Doug e Betsy, o quarto casal que o adotou. Ao ser perguntado se eles o amam sinceramente, John respondeu que sim. Perguntamos por que ele havia respondido com tanta rapidez. "Porque eles não gritam nem berram comigo. Meus últimos pais adotivos gritavam e berravam o tempo todo. Tratavam-me como lixo. Doug e Betsy me tratam como gente. Sei que tenho muitos problemas, mas também sei que eles me amam".

Em se tratando de crianças cuja principal linguagem do amor são palavras de afirmação, nada é mais importante para se sentirem amadas que ouvir os pais ou outros adultos afirmando isso verbalmente. Porém, o contrário também é válido: palavras de condenação as magoam muito. Palavras severas e críticas são prejudiciais a todas as crianças, mas, para as que têm nas palavras de afirmação sua principal linguagem do amor, tais declarações produzem efeito devastador. Esse é um grupo que guarda essas palavras na mente por muitos anos.

Portanto, é essencial que os pais e outros adultos importantes na vida da criança se desculpem sem demora por suas observações críticas, negativas ou severas. Embora as palavras não possam ser apagadas com um pedido de desculpa, seus efeitos podem ser minimizados. Se você notar que tem um padrão de comunicação negativo com seu filho, recomendamos que peça a seu cônjuge que grave alguns desses momentos para ouvi-los mais tarde. Isso pode parecer excessivo, mas será um passo na tentativa de quebrar padrões negativos de comunicação. A comunicação positiva é muito importante para todo relacionamento bem-sucedido entre pai e filho; portanto, vale a pena esforçar-se para romper com antigos padrões e criar novos modelos. O benefício para seu filho será enorme, e a satisfação que você experimentará será muito gratificante.

Se a linguagem do amor de seu filho for PALAVRAS DE AFIRMAÇÃO:

Apresentamos a seguir outras ideias indicadas para pais e mães. Escolha algumas para tentar algo novo que seu filho provavelmente apreciará.

- Coloque uma anotação na lancheira dele com algumas palavras de encorajamento.
- Adquira o hábito de mencionar algo específico que você observou nas realizações de seu filho. Alguns exemplos: "Gostei muito de como você foi bonzinho com aquela criança" ou "Gostei de sua atitude positiva durante o jogo".
- Pergunte a seu filho o que ele quer fazer ou ser quando crescer. Depois, encoraje-o para ajudá-lo a concretizar esse sonho. Se sua filha disser "Quero ser veterinária quando crescer", diga mais ou menos isto: "Penso que você será uma ótima veterinária".
- Envie a seu filho mais velho uma mensagem de texto dizendo que ele é muito importante para você. Melhor ainda, adquira esse hábito quando tiver de sair da cidade ou numa ocasião especial, como no aniversário dele.
- Se você tiver o dom da arte, faça uma pintura ou um desenho que mostre quanto ama seu filho.
- Tire uma foto de algo criativo que seu filho fez e coloque-a numa moldura com um bilhete dizendo por que aquela obra de arte significa tanto para você.
- Sempre que pensar em seu filho, chame-o para perto só para dizer "eu te amo".
- Crie um nome carinhoso e especial para seu filho, algo que seja usado somente entre vocês dois.
- Quando tiver de sair da cidade a trabalho ou por outros motivos, deixe vários bilhetes para seu filho, um para cada dia de sua ausência.
- Adquira o hábito de dizer "eu te amo" sempre que colocar seu filho na cama ou tiver de ficar longe dele.
- Coloque as obras de arte de seu filho em locais que ele reconheça ser importantes, como na geladeira, no escritório ou num caderno especial.
- Quando seu filho estiver abatido, mencione cinco motivos pelos quais você se orgulha dele.
- Deixe um bilhete na caixa de cereal, no espelho do banheiro ou em outro lugar que você sabe que seu filho olhará. Um simples "papai ama você" ou "mamãe te ama" em um local especial será muito poderoso.

- Pegue um chaveiro e coloque fotos de seus filhos nele. Converse sobre as fotos com familiares ou amigos quando seus filhos estiverem por perto.
- Escolha um recipiente de vidro onde você e seu filho possam colocar anotações de elogio. Regularmente, leiam juntos algumas dessas notas.
- Com um giz e em letras bem grandes, escreva palavras de incentivo na entrada da garagem. Façam isso juntos ou surpreenda seu filho quando ele chegar.
- Quando seu filho cometer um erro tentando ser útil, use primeiro palavras que demonstrem que você sabia das boas intenções dele.

4

Terceira linguagem do amor:

Tempo de qualidade

Ella, 4 anos, está puxando a perna da mãe.

— Mamãe, mamãe, vamos brincar!

— Não posso brincar agora — Kate diz, olhando para a tela do computador. — Preciso terminar de pagar as contas. Depois eu brinco com você. Brinque sozinha um pouco e depois faremos alguma coisa juntas.

Cinco minutos depois, Ella está de volta, implorando para brincar. Kate responde:

— Ellie, eu já lhe disse que tenho de terminar uma coisa importante primeiro. Vá brincar e vou lhe fazer companhia daqui a alguns minutos.

Ella sai da sala, mas volta quatro minutos depois. Finalmente as contas são pagas, e mãe e filha passam um período brincando juntas. Mas Kate sabe que a situação se repetirá amanhã.

O que podemos aprender com Kate e Ella? Há grandes possibilidades de que a pequena Ella esteja revelando sua principal linguagem do amor: *tempo de qualidade*. O que a faz sentir-se verdadeiramente amada é a atenção exclusiva da mãe. Isso é tão importante para a menina que ela sempre volta com o mesmo pedido. Porém, Kate quase sempre vê esses pedidos repetidos como intromissões. Se persistirem por muito tempo, talvez ela possa até se enfurecer com a filha e a mande de castigo para o quarto — exatamente o oposto do que Ella necessita.

"Qual é a resposta?", Kate se pergunta. "É possível amar uma criança e ainda assim conseguir trabalhar?" A resposta é um sonoro "sim"! Aprender a principal linguagem do amor da criança é o segredo para alcançar esse objetivo. Se Kate tivesse dado a Ella quinze minutos de tempo de qualidade *antes* de começar a pagar as contas, provavelmente teria trabalhado em paz. Quando o tanque de amor de uma criança está vazio e somente a atenção pode abastecê-lo, ela tentará de todas as formas conseguir aquilo de que necessita.

Mesmo que a principal linguagem do amor de seu filho não seja tempo de qualidade, muitas crianças anseiam pela atenção exclusiva dos pais. Na verdade, muitos comportamentos infantis desagradáveis são uma tentativa de conseguir mais tempo com a mãe ou com o pai. Até a atenção negativa parece ser melhor que nenhuma atenção.

Temos ouvido falar durante anos sobre a necessidade de dar um tempo de qualidade às crianças, principalmente em meio à agitação dos dias de hoje. Ainda assim, embora mais pessoas estejam falando sobre tempo de qualidade, muitas crianças estão famintas por ele.

Tempo de qualidade é atenção concentrada, exclusiva. A maioria dos bebês recebe grandes doses de tempo de qualidade. A alimentação e a troca de fraldas oferecem esse tipo de cuidado, não apenas da mãe, mas também do pai e talvez de outras pessoas da família.

À medida que a criança cresce, torna-se mais difícil dedicar tempo de qualidade a ela, porque isso exige verdadeiro sacrifício por parte dos pais. É mais fácil proporcionar toque físico e palavras de afirmação que tempo de qualidade. Poucos de nós dispomos de horas suficientes durante o dia para dar conta de todos os nossos afazeres. Dar tempo de qualidade à criança talvez signifique abrir mão de outras coisas. Conforme vão se aproximando da adolescência, os filhos necessitam de nossa atenção justamente quando estamos exaustos, apressados ou emocionalmente abalados.

Tempo de qualidade é a presença do pai ou da mãe junto do filho; é um ato que transmite esta mensagem: "Você é importante. Gosto de estar com você". Essa mensagem faz com que a criança se sinta a pessoa mais importante do mundo para o pai ou para a mãe. Ela se sente verdadeiramente amada porque tem o pai ou a mãe só para si.

Ao dedicar tempo de qualidade aos filhos, você precisa se colocar no nível de desenvolvimento físico/emocional deles. Se estiverem aprendendo a engatinhar, por exemplo, sente-se no chão com eles. Se a fase é a dos primeiros passos, esteja por perto, incentivando-os. Na época de brincar em caixas de areia e aprender a chutar bola, você precisa estar presente. Quando o mundo deles se expande e passa a incluir escola, lições de vários tipos, esportes, igreja e outras atividades sociais, você deve estar lá o tempo todo, fazendo-lhes companhia. Quanto mais velha for a criança, mais difícil será, principalmente se você quiser ter um tempo exclusivo com cada filho e envolver-se em atividades que ele realize fora de casa.

"Ele brinca comigo"

O fator mais importante no tempo de qualidade não é o acontecimento em si, mas o fato de vocês fazerem algo em comum, juntos. Quando perguntamos a Nathan, 7 anos, como sabia que seu pai o amava, ele respondeu: "Porque ele brinca comigo. Jogamos basquete juntos e também *video games* no computador. E vamos juntos ao *pet shop*".

O tempo de qualidade não exige que você vá a algum lugar especial. Você pode dar atenção exclusiva em quase todos os lugares, e, na maioria das vezes, os melhores tempos de qualidade ocorrem em casa, quando estão só você e seu filho. Encontrar

O tempo de qualidade não exige que você vá a algum lugar especial.

tempo para estar a sós com cada filho não é fácil, porém é essencial. Numa sociedade em que as pessoas se tornam cada vez mais espectadoras que participantes, a atenção exclusiva dos pais é o fator mais crítico.

Em muitos lares, as crianças sentem mais a falta de computadores e outros brinquedos eletrônicos que da presença dos pais. Elas são cada vez mais influenciadas por agentes externos ao ambiente familiar e necessitam da influência fortalecedora do tempo passado com os pais. É preciso um verdadeiro empenho para encontrar esse tempo em sua agenda, e realizar tal esforço é um investimento no futuro de seus filhos e de sua família.

Se você tem vários filhos, precisa procurar momentos para estar a sós com cada um deles. Não é fácil, mas é possível. Reflita sobre Susanna Wesley, que criou dez filhos na Inglaterra do século 18. Ela separava uma hora por semana para estar a sós com cada um deles. Três de seus filhos, Sam, John e Charles Wesley, tornaram-se poetas, escritores e pregadores. Charles compôs milhares de hinos, muitos dos quais são clássicos na igreja cristã até hoje. Além de ajudar os filhos a aprender o alfabeto, a matemática e também a escrever, ela ensinou-lhes cortesia, boas maneiras, valores morais e a ter uma vida simples.

Numa época em que as mulheres tinham pouquíssimas oportunidades de usar seus dons, Susanna preparou suas filhas com uma educação primorosa. Aquela mãe sábia disse certa vez à sua filha Emília: "A sociedade não oferece oportunidades à inteligência de suas mulheres".[1] Posteriormente, Emília tornou-se professora. Apesar de não defendermos necessariamente todas as ideias de Susanna quanto à criação de filhos, admiramos a maneira como ela estabeleceu suas prioridades e foi capaz de cumpri-las. O segredo para o tempo de qualidade está nos valores e prioridades que vocês, pais, escolhem nutrir e pôr em prática em seu lar.

Contato visual positivo

O tempo de qualidade deve incluir contatos visuais carinhosos. Olhar nos olhos de seu filho com ternura é um meio poderoso de expressar-lhe o amor de seu coração. Estudos têm mostrado que a maioria dos pais usa mais o contato visual de forma negativa, seja repreendendo o filho ou lhe dando instruções muito explícitas.

Se você estabelece contato visual carinhoso apenas quando seu filho faz algo que lhe agrada, está caindo na armadilha do amor condicional. Isso poderá prejudicar o crescimento pessoal dele. É claro que você deseja dar amor incondicional suficiente ao seu filho para manter abastecido o tanque emocional dele, e o uso apropriado dos contatos visuais é uma forma de fazer isso.

Às vezes, os membros de uma família evitam olhar nos olhos uns dos outros e fazem isso como meio de punição. Essa atitude é destrutiva tanto para adultos quanto para crianças. Estas, em especial, interpretam o desvio do olhar como desaprovação, o que destrói ainda mais sua autoestima. Não permita que as demonstrações de amor ao seu filho estejam condicionadas ao fato de ele estar fazendo algo que lhe agrada.

Compartilhando pensamentos e sentimentos

Tempo de qualidade não significa apenas realizar atividades com seu filho. É também um meio de *conhecê-lo* melhor. Quando você passa um período com seu filho, descobre que o resultado natural disso é uma boa conversa sobre tudo que se relaciona com a vida de vocês. Phil Briggs, um experiente professor de educação de um seminário na Califórnia, adora as vantagens de jogar golfe com seu filho. “Meu filho não gostava muito de conversar, até o dia em que começamos a jogar golfe juntos." Em geral, enquanto percorriam o campo, a conversa entre pai e filho girava em torno do jogo — dos golpes na bola e de outras nuanças do esporte —, mas logo eles começaram a trocar ideias sobre outras áreas da vida. Quando o pai ensina o filho a chutar uma bola de futebol ou a preparar uma massa, ele cria um ambiente no qual ambos passam a conversar sobre outros assuntos importantes.

> Tempo de qualidade não significa apenas realizar atividades com seu filho. É também um meio de *conhecê-lo* melhor.

Conversas de qualidade

Conversas desse tipo ocorrem quando o pai revela um aspecto de sua história, talvez contando ao filho sobre seu namoro com a mãe ou conversando sobre assuntos morais e espirituais. Esse tipo de diálogo "real" fala profundamente a uma criança no nível emocional, dando-lhe esta certeza: "Meu pai confia em mim. Ele se importa comigo. Ele acha que sou importante e me ama". A mãe pode mencionar os medos que sentia sobre sua aparência na fase de crescimento e ajudar a filha a comprar o primeiro par de óculos ou um vestido especial para o baile de formatura. A conversa as aproxima e ajuda a filha a entender que seu valor não se baseia na aparência.

As crianças nunca deixam de sentir necessidade de conversa de qualidade com os pais e outros adultos. A essência da vida é feita da partilha de pensamentos e sentimentos. A comunicação nesse nível é importante para os filhos e os ajudará em seus relacionamentos futuros, inclusive no casamento. Eles aprenderão a fazer amizades e a relacionar-se com os colegas de trabalho. Essa comunicação lhes mostrará como processar os próprios pensamentos e como expressar-se verbalmente de forma positiva, respeitando as opiniões alheias. Proporcionará também um exemplo de como discordar sem ser desagradável.

Seus filhos aprenderão mais com os diálogos do que você imagina; portanto, é crucial que você invista seu tempo em conversas saudáveis com eles, não importa a idade que tenham. Se você limitar as conversas aos momentos de disciplina, seus filhos nunca aprenderão o valor da atenção concentrada e positiva. A atenção negativa em si não suprirá suas necessidades de amor.

Com as crianças mais novas, um dos melhores momentos para iniciar uma conversa é quando vão para a cama à noite. Nessa ocasião elas estão especialmente atentas, talvez porque haja menos distrações ou porque queiram retardar a hora de dormir. Seja qual for o motivo, elas estão ouvindo atentamente, e isso facilita as conversas significativas.

"Leia uma história para mim"

Todas as crianças adoram histórias. Ler para elas é uma ótima maneira de iniciar o ritual da hora de dormir; faça disso uma rotina, pois ajuda a manter a comunicação aberta até a adolescência. Durante ou após a leitura, você poderá fazer uma pausa para permitir que a criança identifique os próprios sentimentos a respeito dos eventos ou personagens. Depois, fale com ela sobre eles. Por exemplo, enquanto você lê uma história sobre alguém que passou por uma decepção, converse com seu filho sobre esse tipo de sentimento vivido pelo personagem e sobre outros sentimentos daí derivados, como tristeza, raiva ou outro que seja pertinente.

Recomendamos muitíssimo esses momentos de conversa. Infelizmente, poucas crianças hoje sabem lidar com seus sentimentos, sobretudo com a ira. Anos a fio de conversas íntimas e aconchegantes na hora de dormir, incluindo a gentil e relaxante partilha de sentimentos, ajudam a prevenir alguns problemas muito dolorosos no decorrer da vida.

Esses rituais noturnos soam exatamente o oposto do mundo agitado no qual muitos pais vivem. Não seja vítima da urgência. Ao longo do tempo, muito do que agora parece urgente nem mesmo será importante. Mas o que você faz com seus filhos permanecerá para sempre.

Planejando-se para obter tempo de qualidade

Durante os primeiros oito anos da vida de seu filho, enquanto a vida dele gira basicamente em torno do lar, você pode tentar seguir uma agenda sensata. Porém, quando a criança cresce e se envolve com atividades fora de casa, você precisa gastar mais tempo e esforço no preparo do tempo de qualidade para a família. Caso contrário, ele não acontecerá. A seguir, apresentamos várias ideias.

Primeira: as refeições são eventos comuns que devem ser planejados. Ao longo dos anos, a tradicional hora do jantar em família pode ser uma das experiências de maior união que vocês poderão desfrutar. Todos nós já ouvimos falar a respeito de famílias que deixam a comida no fogão e cada um come quando chega em casa. Para aqueles que conhecem, ano após ano, o aconchego e a importância da refeição em família, essa prática parece caótica. Os pais são os únicos que podem estabelecer horários para a família e decidir quando e se determinados eventos devem quebrar essa rotina. Algumas famílias conseguem tomar o café da manhã juntos. Você talvez consiga almoçar com seu filho pelo menos uma vez por mês.

Segunda: pense na possibilidade de passear ou viajar à noite. Burney e seu filho, Jeff, passam uma noite fora de casa a cada três meses. Normalmente, eles viajam por uma hora até o acampamento, onde montam uma barraca para ficar juntos durante um dia e meio ininterruptos. Allyson faz caminhadas com a filha de 12 anos, Brittany, duas noites por semana.

Nessas ocasiões, o marido e o outro filho do casal lavam a louça e passam um período juntos.

Terceira: um simples passeio de carro com o papai e a mamãe para fazer compras ou para assistir a um jogo de futebol pode resultar em conversa de qualidade. Durante o percurso, há dentro do carro uma sensação agradável que parece provocar o desejo de conversar — e de ouvir. Os pais devem estar alertas a esses momentos em que as crianças sentem necessidade de falar.

Essas são apenas algumas sugestões. Lembre-se: planejar o tempo que você passará com seu filho não significa sufocar a espontaneidade. Você poderá sempre mudar de planos se desejar, mas, sem planejamento, talvez descubra que passou um tempo de pouca qualidade com ele. Se você reserva tempo para outras pessoas em sua agenda, por que não reservar um tempo de qualidade com seus filhos? Eles gostarão muito de saber que você valoriza os momentos que tem com eles e que está disposto a abrir mão de outras atividades. Esse planejamento ainda terá outra consequência positiva: você ensinará seus filhos a programar os próprios horários.

Um dos momentos mais difíceis do dia da família é quando todos voltam para casa do trabalho e da escola, famintos e cansados. Para planejar o tempo que passarão juntos, você precisará se preparar. Se chegar em casa depois de muita pressão no trabalho, terá de se livrar do estresse, tirar da mente os problemas do dia e se concentrar em seu lar. Algumas pessoas costumam ouvir suas músicas favoritas no caminho de volta para casa. Conhecemos alguns amigos que param perto de casa e oram por alguns minutos. Descubra o que o ajudará a sentir-se relaxado e motivado, a fim de recuperar a energia de que necessita para dedicar-se ao seu filho.

Se não conseguir se preparar antes de chegar em casa, planeje um tempo para passar a sós com seu cônjuge antes de começar a interagir com os filhos. Talvez você precise apenas colocar uma roupa mais confortável, tomar um refrigerante e caminhar pelo quintal antes de se reunir com a família. Quanto mais renovado se sentir, mais será capaz de dedicar-se à família.

Quando a principal linguagem do amor de seu filho é tempo de qualidade

Se tempo de qualidade é a principal linguagem do amor de seu filho, tenha certeza de uma coisa: sem uma dose suficiente de tempo de qualidade e atenção concentrada, ele terá uma sensação persistente de que seus pais não o amam de verdade.

Gerry era um bombeiro que trabalhava 48 horas e descansava 24. Durante os dias de trabalho, permanecia no quartel; nas horas de folga, ele e um colega pintavam casas para ganhar um dinheiro extra. Sua esposa, Maggie, trabalhava à noite como enfermeira e dormia durante o dia. Quando ambos estavam trabalhando à noite, os filhos Jonathan, 8 anos, e Colleen, 6 anos, permaneciam em casa sob os cuidados da avó.

Gerry e Maggie começaram a se preocupar com Jonathan, que parecia cada vez mais distante. Algum tempo depois, Maggie disse a uma amiga: "Sempre que tentamos conversar com Jonathan, ele parece muito retraído; mas, quando era mais novo, falava o tempo todo. Antes de ele começar a frequentar a escola, na época em que eu permanecia em casa em tempo integral, íamos ao parque quase todas as tardes. Agora ele está tão diferente que chego a imaginar se há algum problema. Gerry não nota essa mudança tanto quanto eu porque não passa muito tempo com Jonathan, mas eu vejo uma enorme diferença".

Rosie, amiga de Maggie, havia acabado de ler *As 5 linguagens do amor* e lembrou-se de um capítulo que falava sobre como as linguagens do amor se aplicam aos filhos. Ela deu, então, um exemplar do livro a Maggie, sugerindo que a leitura a ajudaria a lidar com Jonathan. Duas semanas depois, Maggie disse à amiga: "Li o livro e acho que sei qual é a principal linguagem do amor de Jonathan. Olhando para trás e lembrando-me de quanto ele gostava do período que passávamos juntos, de como ele era falante e entusiasmado e de como tudo mudou quando ele começou a frequentar a escola e eu passei a trabalhar, penso que ele deve ter sentido muita falta de amor nos dois últimos anos. Tenho tentado suprir suas necessidades físicas, mas pouco contribuí para atender às suas necessidades emocionais".

As duas mulheres conversaram sobre como Maggie poderia encaixar um tempo de qualidade com Jonathan em sua agenda. Como tinha tempo flexível à tarde e no começo da noite, ela vinha usando esses períodos para cuidar da casa, fazer compras, estar com as amigas de vez em quando e sair à noite com Gerry, além de supervisionar os deveres de casa de Jonathan. Maggie concluiu que, se tentasse, poderia encontrar uma hora duas vezes por semana para dar atenção exclusiva a Jonathan.

Três semanas depois, ela contou à amiga: "Está funcionando. Jonathan e eu temos passado uma hora juntos duas vezes por semana, e estou vendo uma mudança verdadeira em suas reações comigo. Decidimos levar nosso cão ao parque uma tarde por semana, e comer um lanche juntos no outro dia. Jonathan está começando a falar mais, e posso afirmar que ele está reagindo emocionalmente ao nosso tempo juntos. A propósito, pedi a Gerry que lesse o livro. Penso que precisamos aprender a falar a linguagem do amor um do outro. Sei que ele não está falando a minha, e acho que não estou falando a dele. Além disso, pode ser que Gerry veja a importância de passar mais tempo com Jonathan".

O que as crianças dizem

Veja como quatro crianças revelaram claramente que sua principal linguagem do amor é o tempo de qualidade.

Bethany, 8 anos, possui um brilho no olhar quase ininterrupto. "Sei que meus pais me amam porque fazem muitas atividades comigo. Algumas vezes, meu irmãozinho participa, mas eles fazem coisas só comigo." Quando perguntamos que tipo de coisas, ela respondeu: "O papai me levou para pescar na semana passada. Não sei se gosto de pescar, mas gosto de estar com ele. A mamãe e eu fomos ao zoológico um dia depois do meu aniversário. O lugar de que mais gostei foi a jaula dos macacos. Vimos um deles comendo banana. Foi divertido".

Jared tem 12 anos. "Sei que meu pai me ama porque ele passa tempo comigo. Fazemos muitas coisas juntos. Ele comprou ingressos para o campeonato de futebol e não perdemos nenhum jogo. Sei que minha mãe também me ama, mas não passamos muito tempo juntos porque ela não se sente bem a maior parte do tempo".

Brandon, 10 anos, disse: "A mamãe me ama. Ela costuma assistir aos meus jogos de futebol e depois vamos comer fora. Não sei se meu pai me ama. Ele disse que sim, mas foi embora de casa. Eu não o vejo mais".

Haley, 16 anos, disse: "Como sei que meus pais me amam? Principalmente porque eles estão sempre comigo. Posso discutir qualquer coisa com eles. Sei que vão entender e tentar me ajudar a tomar decisões certas. Vou sentir saudades deles quando for para a faculdade daqui a dois anos, mas sei que continuarão a me apoiar".

Para aquelas crianças que anseiam por um tempo com os pais, e para todas as outras também, a atenção exclusiva do pai e da mãe é um presente e um elemento essencial para que tenham a certeza de que são amadas. Quando você passa tempo com seus filhos, está criando lembranças para a vida inteira. Você deseja que seus filhos sejam abençoados com as lembranças dos anos que viveram em sua casa. Eles terão lembranças saudáveis e motivadoras quando seus tanques emocionais forem mantidos cheios. Como pais, vocês podem dar a seus filhos essas memórias saudáveis e motivadoras e ajudá-los a garantir o próprio equilíbrio, a estabilidade e a felicidade por toda a vida.

Se a linguagem do amor de seu filho for
TEMPO DE QUALIDADE:

Apresentamos a seguir outras ideias indicadas para pais e mães. Escolha algumas para tentar algo novo que seu filho provavelmente apreciará.

- Em vez de esperar até terminar suas tarefas para passar um tempo com seu filho, inclua-o em suas atividades diárias, como lavar roupa, fazer compras no supermercado ou trabalhar no quintal. Embora demore um pouco mais, o tempo que passarão juntos compensará a inconveniência.
- Pare o que está fazendo e estabeleça contato visual com seu filho quando ele lhe contar algo importante.
- Prepare um lanche saudável para comerem juntos, como um prato de frutas picadas.
- Encontre coisas bobas que os façam rir juntos e gargalhem bastante a respeito delas.
- Dê a seu filho mais velho câmeras fotográficas descartáveis para ele registrar ocasiões importantes.
- Desligue seu programa favorito de televisão para ver com seu filho o programa favorito dele.
- Vá a uma loja de brinquedos e brinque com alguns itens divertidos sem intenção de comprar nenhum deles.
- Faça perguntas bem específicas sobre o dia de seu filho, questões cuja resposta não seja "sim" ou "não" ou às quais ele não responda.
- Quando levar seu filho mais novo ao parque ou ao *playground*, brinque com ele em vez de observar de longe, sentado no banco. Empurrar sua filha no balanço ou deslizar

com seu filho no escorregador cria lembranças por toda a vida e comunica amor.

- Em vez de passar tempo diante da televisão ou do computador, concentre-se em atividades como cantar juntos ou pintar com os dedos.
- Programe um "encontro especial" com cada um de seus filhos. Anote-o na agenda e não permita que outras prioridades substituam esse momento.
- Surpreenda seu filho com ingressos para um evento ou uma viagem a um lugar especial. Uma visita a um acampamento, uma ida a um jogo de futebol importante ou um passeio na cidade deixam lembranças que jamais serão esquecidas. Tire fotos do evento para reforçar a surpresa.
- Se possível, reserve um dia para levar seu filho ao seu local de trabalho. Apresente-o a seus colegas e almoce com ele nesse dia.
- Separe um lugar especial na casa para vocês brincarem. O *closet* poderá transformar-se num "castelo", e um cantinho especial na garagem poderá se tornar uma "oficina de trabalho".
- Inclua os filhos mais velhos no planejamento das férias e, juntos, pesquisem na internet o que farão nesse período.
- Improvisem um acampamento juntos, mesmo que seja uma simples barraca no quintal. Inclua lanternas e alimentos especiais para acampamento, a fim de tornar o evento completo.
- De vez em quando, leve a família para fazer uma caminhada ou pedalar juntos. Procure oportunidades que lhes permitam estar juntos e que incluam exercícios físicos.
- Programe mais refeições em família. Transforme o jantar numa ocasião especial, incluindo muitas conversas a respeito do dia. A oração em família também fortalece esse tempo.
- Quando colocar seu filho na cama à noite, passe alguns minutos a mais com ele. Conte histórias, conversem sobre os acontecimentos do dia ou orem juntos — tudo isso poderá fazer parte de sua rotina diária.
- No caso dos filhos mais velhos, dedique-se a um projeto de sua área profissional, enquanto eles fazem a lição de casa. Diga-lhes que estão trabalhando juntos.

- Cultivem uma planta juntos. Para as crianças que gostam de atividades ao ar livre, o tempo em comum plantando um jardim de flores, uma horta ou embelezando o quintal produz lembranças positivas para a vida inteira.
- Montem álbuns de fotografias no computador e, nesse meio-tempo, mencionem as lembranças que lhes vêm à mente.
- Num dia chuvoso, sentem-se no mesmo cômodo e leiam em silêncio, cada um com seu livro ou revista.

5

Quarta linguagem do amor: Presentes

Quando perguntamos a Rachel, 10 anos, por que tinha tanta certeza de que seus pais a amavam, ela respondeu: "Venham até meu quarto. Vou mostrar". Ao chegar lá, ela apontou para um enorme urso de pelúcia. "Eles me trouxeram este urso da Califórnia." Depois, ao tocar num palhaço macio, ela disse: "Também me deram este palhaço quando entrei na escola. Este macaco com cara de bobo, eles compraram quando viajaram ao Havaí para comemorar o aniversário de casamento". Ela continuou a andar pelo quarto, apontando mais de uma dúzia de presentes que havia ganhado dos pais nos últimos anos. Cada um tinha um lugar especial, mostrando o amor de seus pais por ela.

O ato de dar e receber presentes pode ser uma forte expressão amorosa, não apenas no momento em que são dados, mas por muitos anos depois. Os presentes mais significativos tornam-se símbolos de amor, e aqueles que transmitem esse sentimento de forma sincera fazem parte da linguagem do amor. Para que os pais falem a quarta linguagem do amor — presentes —, a criança precisa sentir que é realmente importante para eles. Por esse motivo, as outras linguagens também devem ser comunicadas. O tanque emocional de seu filho precisa ser mantido cheio a fim de que o presente expresse um sentimento de amor sincero. Isso significa que, para manter o tanque abastecido, os pais devem utilizar uma mistura de toque físico, palavras de afirmação, tempo de qualidade e atos de serviço.

Julie contou como as linguagens do amor a estavam ajudando a entender melhor suas filhas Mallory, 6 anos, e Meredith, 8 anos. "Meu marido e eu viajamos a negócios com frequência, e as meninas ficam com a avó. Durante as viagens, compro um presente para elas. Meredith sempre se empolga mais com os presentes do que Mallory, falando muito sobre eles assim que voltamos para casa. Ela pula de contentamento quando tiramos os presentes da mala e dá gritos de alegria quando abre o seu. Depois, encontra um cantinho especial em seu quarto e nos chama para ver onde o colocou. Quando suas amiguinhas vêm visitá-la, ela sempre lhes mostra o último presente que ganhou."

Em contraste, embora Mallory seja educada e agradeça ao receber os presentes, ela demonstra mais entusiasmo por conhecer os pormenores da viagem. "Mallory aproxima-se de nós para ouvir cada detalhe de nosso roteiro", Julie contou. "Conversa conosco separadamente e, depois, com os dois juntos. Parece absorver tudo que lhe contamos. Meredith, por sua vez, faz poucas perguntas sobre os lugares onde estivemos e o que vimos."

Quando alguém perguntou a Julie o que ia fazer a respeito disso, ela respondeu: "Vou continuar a comprar presentes para elas porque esse é o meu desejo. Mas, de agora em diante, não vou ficar magoada quando Mallory não demonstrar tanto entusiasmo quanto Meredith. Eu me aborrecia com isso porque pensava que Mallory estava sendo mal-agradecida. Agora entendo que nossas conversas sobre a viagem significam para Mallory o mesmo que os presentes significam para Meredith. Meu marido e eu estamos nos esforçando para proporcionar mais tempo de qualidade a Mallory quando retornamos de alguma viagem e também durante o resto do ano. E queremos ensinar a linguagem dos presentes a Mallory da mesma forma que esperamos ensinar Meredith a falar a linguagem do tempo de qualidade".

O encanto de dar presentes

Dar e receber presentes como forma de expressar amor é um fenômeno universal. Em inglês, a palavra "presente" é *gift*, originária do grego *charis*, que significa "graça ou um favor imerecido". A ideia implícita é que, se o presente for merecido, então não passará de um pagamento. Um presente verdadeiro não é pagamento por serviços prestados; ao contrário, é uma expressão de amor pela pessoa, algo ofertado graciosamente. Em nossa sociedade, nem todos os presentes são sinceros. Sobretudo no mundo dos negócios, grande parte dos presentes é uma retribuição por um acordo realizado com determinada empresa, ou um suborno na esperança de realizar outros pactos no futuro. O presente não é dado simplesmente para beneficiar quem recebe; é uma forma extra de agradecer à pessoa por ter feito uma contribuição financeira ou de pedir-lhe outra contribuição.

A mesma distinção é necessária quando se trata de presentear os filhos. Se o pai oferecer um presente ao filho com a condição de que ele arrume seu quarto, não será um presente verdadeiro, mas um pagamento por serviços prestados. Se o pai prometer um sorvete ao filho somente se ele ficar em silêncio diante da televisão pelos próximos trinta minutos, o sorvete não será um presente, mas um suborno idealizado para manipular o comportamento da criança. Mesmo que a criança não conheça as palavras *pagamento* e *suborno*, ela entenderá o conceito.

Às vezes, os pais que têm a intenção de oferecer um presente verdadeiro podem enviar mensagens confusas se não prestarem atenção à grande necessidade de amor que a criança sente. Na verdade, a criança que não se sente verdadeiramente amada pode facilmente interpretar um presente de forma errada, pensando que lhe foi oferecido de maneira condicional. Uma mãe, que estava sob forte estresse e em conflito com o filho, deu-lhe uma bola de beisebol. Mais tarde, ela encontrou a bola no banheiro.

— Jason, o que sua bola está fazendo aqui? Você não gostou dela?

— Sinto muito — foi a resposta seca de Jason.

No dia seguinte, ela encontrou a bola na lata de lixo. Falou de novo com o filho, e ele, olhando para o chão, respondeu:

— Sinto muito.

Posteriormente, a mãe aprendeu a concentrar-se em manter cheio o tanque emocional de Jason, principalmente na hora de dormir. Logo ela começou a notar uma mudança. Algumas semanas depois, ela lhe deu um taco de beisebol, e dessa vez ele a abraçou, dizendo com um sorriso:

— Obrigado, mãe!

Jason é um exemplo típico de criança dócil cujo tanque emocional está vazio. Essas crianças raramente demonstram seu sofrimento ou suas necessidades de forma aberta. Elas expressam os sentimentos indiretamente. Deixar um presente de lado ou não dar atenção a ele é uma atitude típica da criança cujo tanque emocional necessita ser reabastecido.

Extraia o máximo do ato de presentear

O encanto de presentear tem muito pouco a ver com o tamanho e o preço do presente. Tem tudo a ver com o amor. Talvez você se lembre de um avô ou avó que lhe contou ter recebido uma laranja e uma peça de roupa numa noite de Natal durante uma temporada de escassez. Hoje nós, pais, nem sempre pensamos nas necessidades como se fossem presentes, mas como itens que precisamos suprir às nossas crianças. Ainda assim, costumamos oferecê-los com amor e verdadeiramente para o benefício delas. Vamos, portanto, comemorar esses presentes.

Se não oferecermos presentes como expressões amorosas, as crianças aprenderão a recebê-los como algo "esperado" e não reconhecerão o amor por trás deles.

Esta é uma sugestão que pode transformar um presente comum numa expressão de amor: separe um tempo para embrulhar o uniforme novo da escola e presenteie-o a seu filho na hora do jantar, quando a família estiver reunida em volta da mesa. O ato de desembrulhar um presente faz a criança vibrar de alegria, e você poderá demonstrar que cada presente, seja ele uma necessidade ou um luxo, é uma expressão de seu amor. Essa comemoração de todos os tipos de presente também ensinará a seus filhos como reagir diante das pessoas que os presenteiam. Você ofereceu o presente graciosamente, portanto desejará que eles reajam da mesma forma, não importando se foi grande ou pequeno.

Uma advertência para quando você presentear seus filhos com brinquedos: na loja de brinquedos, é necessário ter muita sabedoria. O grande volume de mercadorias disponíveis significa que você terá de ser muito seletivo. Esse volume é reforçado por anúncios de televisão que desfilam os brinquedos mais modernos diante dos olhos das crianças, criando desejos que não existiam um minuto antes e que talvez desapareçam no dia seguinte. Nesse meio-tempo, muitas crianças têm a certeza de que ganharão o brinquedo que acabaram de ver na tela.

Não permita que os anunciantes determinem o que você deve comprar para seus filhos. Examine atentamente os brinquedos e faça a si mesmo perguntas como "Que tipo de mensagem este brinquedo comunica ao meu filho? É uma mensagem que me faz sentir confortável? O que meu filho aprenderá ao brincar com ele? O efeito geral será positivo ou negativo? Qual é a durabilidade desse item? Quanto pode resistir? Seu apelo é limitado, ou meu filho voltará a brincar com ele outras vezes?

Temos condição financeira de comprá-lo?". Nunca compre um brinquedo supérfluo se o dinheiro estiver curto.

Nem todos os brinquedos precisam ser necessariamente educativos, mas devem ter um propósito positivo na vida de seus filhos. Tenha cuidado ao comprar brinquedos computadorizados, de alta tecnologia, que poderão expor seus filhos a sistemas de valores muito diferentes dos de sua família. As crianças recebem muitas dessas influências por meio da televisão, dos vizinhos e de amigos na escola.

Quando exageramos nos presentes

Tome cuidado. É tentador encher os filhos de presentes em substituição a outras linguagens do amor. Por diversos motivos, às vezes os pais recorrem a presentes em vez de estar verdadeiramente com os filhos. Para alguns que cresceram em famílias problemáticas, parece ser mais fácil dar um presente do que se envolver emocionalmente. Outros talvez não tenham tempo, paciência nem conhecimento para dar aos filhos aquilo que de fato necessitam. Eles realmente amam os filhos, mas, ao que parece, não têm consciência de como proporcionar a segurança emocional e o senso de valor próprio de que as crianças precisam.

O exagero na oferta de presentes pode ocorrer quando a criança vive sob a custódia de um dos pais, após uma separação ou divórcio. Com frequência, a mãe ou o pai que não tem a custódia é tentado a cobrir o filho de presentes, talvez por causa da dor da separação ou do sentimento de culpa por ter abandonado a família. Quando esses presentes são extremamente caros, mal escolhidos e usados como meio de comparação com os presentes que o outro pai é capaz de oferecer, eles se transformam numa forma de suborno, numa tentativa de comprar o amor da criança. Também podem ser uma maneira subconsciente de tentar readquirir a custódia daquele filho.

As crianças que recebem presentes por esses motivos desaconselháveis podem acabar descobrindo a real finalidade deles. Porém, nesse meio-tempo, passam a perceber que pelo menos para um dos pais os presentes são substitutos do amor sincero. Isso poderá transformá-las em adultos materialistas e manipuladores, uma vez que aprenderam a controlar os sentimentos e comportamentos das pessoas com o uso inadequado de presentes. Esse tipo de substituição pode acarretar trágicas consequências para o caráter e a integridade das crianças.

Vejamos o caso de Danielle, que cria três filhos sozinha. Há três anos ela se divorciou de Charles, que hoje mora com a segunda esposa e tem uma vida de luxo. Danielle e os filhos estavam vivendo com um orçamento apertado, e as crianças mostravam-se ansiosas por ver o pai. Lisa, Charley e Annie, de 15, 12 e 10 anos respectivamente, passavam dois fins de semana por mês com o pai. Nessas visitas, ele as levava a passeios caros, como esquiar e andar de barco. Não era de admirar que elas quisessem tanto visitá-lo — lá é que havia muita diversão — e reclamavam cada vez mais por ficar em casa sem ter o que fazer. Quase sempre retornavam trazendo uma profusão de presentes e mostravam-se cada vez mais iradas com Danielle, principalmente após as visitas ao pai. Charles estava fazendo os filhos se voltarem contra a mãe, enquanto tentava conquistar a afeição deles para si, sem perceber que, quando as crianças ficassem mais velhas, elas o desprezariam por terem sido manipuladas.

Felizmente, Danielle conseguiu convencer Charles a receber aconselhamento junto com ela e a buscar meios saudáveis de lidar com os filhos. No início, eles tiveram de deixar de lado as diferenças e a ira do passado para que ambos trabalhassem em conjunto a fim de suprir as necessidades emocionais dos filhos. Durante o aconselhamento, tornaram-se exímios abastecedores de tanques. Quando Charles usou as cinco linguagens do amor para se relacionar com os filhos e aprendeu a usar o ato de presentear como uma linguagem do amor, e não como instrumento de manipulação, as crianças reagiram maravilhosamente.

Há outros pais (e avós) que escolhem encher as crianças com tantos presentes que o quarto delas mais parece uma loja de brinquedos desorganizada. Com tal excesso, os presentes perdem sua singularidade; a criança tem mais brinquedos do que é capaz de usufruir. Com o tempo, esses itens perdem o significado, e a criança mostra-se emocionalmente insensível ao recebê-los. Os presentes parecem ser um peso para a criança, porque os pais esperam que ela os mantenha com um mínimo de organização.

Cobrir a criança de presentes é o mesmo que levá-la a uma loja de brinquedos e dizer: "Tudo isto aqui é seu". A criança se mostrará entusiasmada a princípio, mas logo depois começará a correr em todas as direções sem brincar com nenhum objeto.

Os brinquedos apropriados devem ajudar a criança a aprender a concentrar a atenção com alegria. Para que isso aconteça, os pais e avós talvez necessitem presentear menos em vez de mais e escolher com sabedoria os presentes, que devem ser significativos em vez de impressionantes.

Os brinquedos apropriados devem ajudar a criança a aprender a concentrar a atenção com alegria.

Orientações ao presentear

Ao presentear seus filhos, você precisa ter algumas orientações em mente. Os presentes devem ser expressões genuínas de amor. Se forem oferecidos como pagamento por serviços prestados, ou suborno, você não deveria chamá-los de presentes, mas reconhecê-los pelo que realmente representam. Dessa forma, os presentes verdadeiros, escolhidos para o benefício de seus filhos e como uma expressão de amor, poderão ser apreciados pelo que são.

Exceto no Natal e nos aniversários, a maioria dos presentes deveria ser escolhida por você e seus filhos. Isso se aplica principalmente quando seus filhos já são crescidos e têm opiniões próprias sobre roupas, sapatos, mochilas etc. Eles também desejam presentes supérfluos e, embora você não possa dar-lhes tudo que desejam, vai querer levar as preferências deles em conta. Isso envolve discernir se o desejo é passageiro ou duradouro, saudável ou inadequado, e se o brinquedo terá efeito positivo ou negativo. Sempre que possível, seja sábio e escolha um presente que a criança realmente queira.

E lembre-se: nem todos os presentes estão nas lojas. Você poderá encontrar um presente especial enquanto caminha por uma rua sinuosa ou até mesmo do outro lado do estacionamento. Flores do campo, pedras diferentes e até pedaços de madeira flutuante podem ser transformados em presentes quando embrulhados ou oferecidos de modo criativo. Os objetos da casa também podem ser transformados em presentes. As crianças mais novas não têm nenhuma noção de dinheiro e não se importam se um item foi feito em casa ou comprado. Se o presente lhes estimular a criatividade, será útil e as aproximará dos pais em amor.

O anel de Amy

Mencionamos anteriormente que algumas crianças que não reagem com grande entusiasmo ao receber um presente poderão valorizá-lo alguns anos mais tarde. Ted descobriu isso anos depois de sua filha haver rejeitado seu presente. Durante uma viagem ao exterior, ele comprou um anel para Amy, sua filha de 12 anos, e o entregou ao retornar para casa. Ela demonstrou pouco interesse pelo anel e o guardou numa gaveta da cômoda.

Ele ficou decepcionado, mas com o tempo se esqueceu do anel. Ao chegar à adolescência, Amy causou muito sofrimento aos pais com o comportamento típico dessa fase da vida, levando Ted ao desespero quanto ao futuro da filha. Mesmo quando Amy mostrou uma visível recuperação em suas atitudes e comportamento, o pai ainda não estava convencido da mudança. Ted questionou a sinceridade dela, o que agravou o relacionamento entre eles, impedindo a aproximação que ambos tanto almejavam.

Certo dia, Ted notou que Amy estava usando o anel que ele lhe dera tanto tempo atrás, antes do início dos problemas. Ele se viu em lágrimas quando percebeu o que sua filha tentava lhe comunicar: que ela estava no controle de si mesma e agora era merecedora de confiança.

Quando Ted perguntou a Amy se ela realmente havia mudado, a jovem admitiu que tudo que queria naquele momento era merecer a confiança do pai, uma vez que ela havia se desenvolvido e mudado. Os dois choraram juntos. Amy vive bem até hoje.

Essa história mostra como um presente pode ser simbolicamente importante. Provavelmente, Amy nunca teria enfrentado problemas tão graves se seus pais zelosos tivessem mantido cheio o tanque emocional da filha. Suas necessidades emocionais deveriam ter sido supridas antes que ela pudesse receber ou apreciar um presente no mesmo espírito em que ele lhe foi oferecido.

Quando a principal linguagem do amor de seu filho são presentes

A maioria das crianças reage positivamente aos presentes, mas, para algumas, a principal linguagem do amor é recebê-los. Talvez você esteja inclinado a pensar que isso se aplica a todas as crianças, a julgar pela maneira como elas pedem as coisas. É verdade que todas as crianças — e também os adultos — querem sempre mais e mais. Porém, aquelas cuja linguagem do amor são presentes reagirão de modo diferente quando forem presenteadas.

As crianças cuja principal linguagem do amor são presentes sempre fazem questão de que estes estejam embrulhados ou, pelo menos, sejam oferecidos de maneira única e criativa. Tudo isso faz parte da expressão de amor. Elas observam o papel e, às vezes, até fazem comentários sobre o laço. Quase sempre dão gritos de alegria quando abrem o presente, que parece ser muito importante para elas — e é. Sentem-se muito especiais ao abrir o pacote e, nessa hora, querem atenção exclusiva. Lembre-se: para elas, essa é a voz de amor mais audível. Elas veem o presente como uma extensão dos pais e de seu amor e desejam compartilhar esse momento com eles. Quando veem o que há por trás do papel, elas abraçam e agradecem efusivamente.

Essas crianças também escolhem um lugar especial no quarto para o novo presente, porque querem exibi-lo com orgulho. Compartilham o presente com os amigos e o mostram a você várias vezes nos dias seguintes. Dizem que gostaram muito dele. O presente ocupa um lugar especial no coração delas porque é, de fato, uma expressão de seu amor como pai. Quando veem o objeto, lembram que são amadas. Para elas, não importa se o item foi confeccionado, encontrado, comprado, ou se o desejavam ou não. O importante é o que os pais pensam delas.

O que as crianças dizem

Os comentários destas crianças revelam que, para elas, receber presentes é a linguagem que melhor comunica o amor.

Ao voltar do segundo dia no jardim de infância, Marco, 5 anos, conversava com sua avó: "Vovó, minha professora me ama. Veja o que ela me deu". Ele mostrou uma reluzente régua azul com números grandes impressos — a prova do amor de sua professora.

Elizabeth, 6 anos, perguntou-nos: "Vocês conhecem o homem do amor? Ele está bem ali", e apontou para um senhor idoso. "Ele dá gomas de mascar para todas as crianças." Na opinião de Elizabeth, aquele era o homem do amor porque ele dava presentes.

Courtney, 15 anos, foi indagada como sabia que seus pais a amavam. Sem hesitação, ela apontou para sua calça *jeans*, sua blusinha e seus sapatos. Em seguida, disse: "Eles me deram tudo que eu tenho. Para mim, isso é amor. Eles não me dão apenas coisas essenciais, mas muito mais do que preciso. Na verdade, divido o que tenho com minhas amigas porque os pais delas não podem presenteá-las".

Josh, 18 anos, sairia de casa em poucas semanas para cursar a faculdade. Quando lhe perguntamos que nota daria ao amor de seus pais por ele, numa escala de zero a dez, respondeu imediatamente:

— Dez.

— Por que dez?

— Estão vendo aquele carro? — ele perguntou, apontando para um belo automóvel vermelho. — Foi presente dos meus pais. Eu não merecia ganhá-lo, porque não estudei no ensino médio como deveria, mas eles disseram que queriam que eu soubesse que estavam muito orgulhosos de mim. O carro foi uma expressão do amor dos meus pais. Eu só preciso trocar o óleo do carro e cuidar da sua manutenção. Meus pais sempre foram assim. Eles me dão tudo de que preciso, todos os equipamentos esportivos que usei no colégio, todas as minhas roupas, enfim, tudo. São as pessoas mais generosas que conheço. Tento não abusar dessa generosidade, mas tenho certeza de que eles me amam. Agora que estou indo para a faculdade, sei que sentirei muitas saudades deles.

Para filhos assim, os presentes representam mais que objetos materiais. São expressões tangíveis de amor que falam profundamente ao coração. Por isso é tão traumático quando os presentes são destruídos ou perdidos. E, se o pai que deu o presente mudá-lo de lugar, quebrá-lo ou, num momento de raiva, afirmar: "Eu me arrependo de ter dado este presente a você", o filho ficará emocionalmente devastado.

Lembre-se: é possível que seus filhos nem percebam quanto você está lhes dando, mesmo mantendo cheio o tanque emocional deles. Porém, quando se tornarem adultos, olharão para trás e perceberão que seu amor e sua presença foram o maior presente que receberam.

Se a linguagem do amor de seu filho for PRESENTES:

Apresentamos a seguir outras ideias indicadas para pais e mães. Escolha algumas para tentar algo novo que seu filho provavelmente apreciará.

- Guarde uma pequena coleção de presentes baratos para seu filho, longe da vista dele. Ofereça um quando achar necessário.
- Escolha presentes que se adaptem aos interesses de seu filho.
- Ao voltar para casa depois de uns dias de ausência, compre alguns lanches e docinhos para "agradar" seu filho.
- Prepare um prato de que seu filho goste, vá a um restaurante especial ou faça a sobremesa favorita dele.
- Colecione algumas caixas bonitas e papéis que possam ser usados para embalar até um presente bem simples.
- Quando estiver viajando, envie um pequeno pacote a seu filho com o nome dele como destinatário.

- Confeccione alguns cupons/vales e os ofereça a seu filho, para ele usar como preferir. Esses cupons darão direito a privilégios como um jantar à base de espaguete, meia hora a mais antes de dormir ou um pequeno presente quando estiverem fazendo compras juntos.
- Mantenha um "saco de presentes" com alguns itens baratos que seu filho possa escolher como recompensa por ter feito algo positivo.
- Eventualmente, quando seu filho retornar da escola, ofereça-lhe um lanche memorável, disposto em um prato especial. Você também pode modelar um "rosto" feito de frutas e cenourinhas.
- Procure ter sempre presentes personalizados com o nome de seu filho. Guarde-os para usá-los como surpresa encorajadora em dias chuvosos ou difíceis.
- Escolha uma canção, composta por você ou que o faça se lembrar de seu filho, e dedique-a a ele.
- Organize uma caça ao tesouro para encontrar um presente. Inclua um mapa e algumas pistas para conduzir seu filho até a surpresa.
- Esconda um presentinho na lancheira de seu filho.
- Se tiver de ficar longe de seu filho por algum tempo, deixe-lhe pequenos pacotes de presente — um para cada dia — acompanhados de bilhetes afirmando seu amor por ele.
- Em vez de gastar dinheiro com um grande presente de aniversário, contrate um bufê especial para essa comemoração.
- Pense num presente que dure, como uma árvore que vocês possam plantar juntos ou um jogo de computador com que se divertirão no futuro.
- Compre ou confeccione um anel ou colar especial para sua filha usar, algo que tenha sido uma ideia só sua.
- Para as crianças mais novas, encontre "presentes da natureza", como flores do campo ou pedras interessantes. Embrulhe-os em papel especial ou coloque-os numa caixa bonita.
- No Natal ou no aniversário de seu filho, peça a opinião dele para comprar-lhe um presente especial. Esse envolvimento pessoal tornará o presente mais significativo.

- Pegue uma cartolina e alguns adesivos divertidos para registrar as realizações de seu filho. Ofereça-lhe um presente como recompensa depois que ele obtiver vários adesivos.
- Crie uma "gaveta secreta" onde seu filho possa guardar seus pequenos "tesouros" — qualquer coisa, desde a pena de um pássaro até uma caixa de goma de mascar.

6

Quinta linguagem do amor: Atos de serviço

Assim que começou a trabalhar em seu primeiro emprego de tempo integral, Jacob passou a fazer planos de se casar no verão seguinte. Ele também se lembrou de sua infância: "Penso que a coisa que me fez sentir mais amado foi a maneira como meus pais se esforçaram para me ajudar em tudo. Lembro-me de como eles se levantavam cedo nos sábados para me levar aos jogos, ou dormiam tarde para me ajudar nos deveres de casa".

O rapaz de 24 anos prosseguiu. "Eu me recordo das coisas grandes e pequenas que eles faziam para me ajudar, apesar de serem muito atarefados. Percebo isso agora mais do que antes, mas, mesmo naquela época, eu sabia que trabalhavam duro para me ajudar e sempre apreciei isso. Espero poder fazer o mesmo por meus filhos um dia."

Os atos de serviço são a principal linguagem do amor de algumas pessoas. Mesmo que seu filho não saiba, tenha certeza disto: criar filhos é uma vocação orientada para o serviço. No dia em que você descobriu que teria um filho, assumiu um trabalho de tempo integral. Seu contrato determinava um mínimo de 18 anos de serviço, com a condição de que ficaria na "reserva ativa" por muito tempo depois.

Como pai ou mãe que deve servir, talvez você tenha descoberto outra verdade sobre essa linguagem do amor: os atos de serviço exigem muito dos pais, tanto física quanto emocionalmente. Portanto, temos de prestar muita atenção à nossa saúde física e emocional. Para a primeira, precisamos de uma rotina equilibrada de sono, alimentação e exercícios físicos. Para a segunda, é de suma importância ter autoconhecimento e um relacionamento conjugal de apoio mútuo.

Quando pensamos em atos de serviço, precisamos nos perguntar: "A quem eu sirvo?". Não é somente a seus filhos. No casamento, você serve a seu cônjuge e faz coisas para agradar-lhe a fim de expressar seu amor. Você deseja manter cheio o tanque de amor de seu cônjuge por meio dos atos de serviço. Uma vez que seus filhos necessitam de pais que lhes proporcionem um modelo equilibrado para a vida, encontrar tempo para seu relacionamento conjugal é uma parte essencial de ser bom pai ou boa mãe. Se você cria seus filhos sozinho, é mais importante ainda manter-se saudável no físico e nas emoções. Veja o capítulo 11, "Linguagens do amor em famílias em que um dos pais está ausente", para encontrar algumas ideias.

O que é melhor?

Como pais, servimos a nossos filhos, mas nossa principal motivação não deve ser a de fazer o que lhes agrada. Nosso propósito principal é fazer o melhor. Aquilo que no momento mais agrada a seus filhos talvez não seja a melhor forma de você expressar amor. Coloque três barras de chocolate na lancheira de sua filha; a menina vai adorar, mas você não estará dando o melhor a ela. Ao servir seus filhos, o principal motivo — fazer o melhor — significa esforçar-se para encher o tanque deles de amor. E, para suprir tal necessidade emocional, você deve combinar os atos de serviço com as outras linguagens do amor.

Uma palavra de cautela enquanto analisamos essa última linguagem do amor: não veja os atos de serviço como meios para manipular seus filhos. É muito fácil fazer isso, porque, quando são pequenas, as crianças desejam presentes e serviços muito mais que qualquer outra coisa. Porém, se nós, pais, cedermos a seus desejos ou exigências por excesso de presentes e serviços, nossos filhos permanecerão infantilmente autocentralizados e se tornarão egoístas. No entanto, essa cautela não deve impedir os pais de usar os atos de serviço e os presentes de maneira apropriada.

Os atos de serviço podem se tornar um modelo para a responsabilidade e o serviço. Talvez você queira saber como seus filhos desenvolverão a própria independência e competência se você os servir. Mas, ao expressar amor a eles por meio de atos de serviço, ao fazer coisas que eles ainda não são capazes de realizar sozinhos, você está estabelecendo um modelo. Esse modelo os ajudará a livrar-se da autocentralização e os incentivará a ajudar os outros; esse é o nosso objetivo final como pais (veja o tópico "O propósito fundamental dos atos de serviço", página 91).

O que a criança deve fazer e quando deve fazer

As crianças cujo tanque de amor está abastecido têm muito mais probabilidades de adotar o modelo amoroso de serviço do que aquelas que duvidam do amor dos pais. Esses atos de serviço precisam ser adequados à idade das crianças. Você deve fazer por seus filhos aquilo que eles não conseguem realizar sozinhos. É claro que você não dará comida na boca de seu filho de 6 anos. Arrumar a cama para crianças de 4 anos é um ato de serviço, mas as de 8 anos são capazes de fazer essa tarefa. Os filhos não precisam esperar até entrar na faculdade para aprender a utilizar uma máquina de lavar ou uma secadora — as faculdades não oferecem esses cursos! Os pais ocupados demais para ensinar os filhos a lavar roupa ou perfeccionistas demais para deixá-los fazer essa tarefa sozinhos não estão amando os filhos, mas incapacitando-os.

Portanto, os atos de serviço têm uma fase intermediária. Servimos a nossos filhos; porém, quando eles estiverem prontos, devemos ensinar-lhes como servir a si mesmos e aos outros. Esse processo, claro, nem sempre é prático e rápido. Se quiser ensinar alguém a fazer o jantar, você levará mais tempo para preparar essa refeição do que se optar por cozinhar sozinho. Se seu único objetivo for colocar a comida na mesa, é melhor que você mesmo prepare todas as refeições. Se, porém, seu objetivo for amar seus filhos — cuidar dos melhores interesses deles —, você vai querer ensiná-los a cozinhar. Antes e durante esse tempo, porém, a melhor motivação para os filhos é ver seus genuínos atos de amor pela família ao servi-la durante muitos anos.

Servimos a nossos filhos; porém, quando eles estiverem prontos, devemos ensinar-lhes como servir a si mesmos e aos outros.

Lembre-se também de que você tem capacidade altamente desenvolvida para alguns atos de serviço que presta a seus filhos, algo que talvez eles nunca poderão adquirir. Cada um de nós tem diferentes aptidões, e dentro da família podemos servir uns aos outros com nossas habilidades específicas. Como pais, precisamos ser cautelosos para não forçar nossos filhos a ser cópias exatas do que somos ou, pior, realizar os sonhos que nunca conseguimos realizar. Ao contrário, queremos ajudá-los a desenvolver as próprias habilidades, a seguir os próprios interesses e a tornar-se as melhores pessoas que puderem ser, usando os dons naturais concedidos por Deus.

Abrindo o jogo

Alguns pais, desejosos de que seus filhos desenvolvam habilidades e independência, exageram ao deixar que eles descubram as coisas por conta própria. Will e Kathy, do Colorado, eram assim. Incorporaram um espírito desbravador de austera independência e autoconfiança e queriam criar os dois filhos da mesma maneira. Seguidores dos padrões rígidos do Velho Oeste, eles pareciam ter acabado de sair de uma tropa do exército.

Depois que Will e Kathy participaram de meu (Gary) seminário sobre casamento e conheceram as cinco linguagens do amor, concluíram que os atos de serviço não poderiam ser uma dessas linguagens. Will me disse:

— Não acredito que os pais devam fazer para seus filhos aquilo que eles são capazes de fazer sozinhos. Como ensiná-los a ser independentes se continuamos a fazer tudo para eles? Eles precisam aprender a se virar.

— Os meninos preparam as próprias refeições? — perguntei.

— Essa tarefa é minha. Mas eles fazem o resto — Kathy respondeu.

— Cozinham quando estão no campo e se saem muito bem — Will acrescentou.

O casal estava muito orgulhoso dos filhos.

— Depois de ouvirem as linguagens do amor, vocês saberiam dizer qual é a principal linguagem do amor dos meninos?

— Não sei — Will disse.

— Você acha que eles se sentem verdadeiramente amados?

— Acho que sim. Deveriam.

— Você tem coragem de perguntar a eles? — cutuquei.

— Como assim?

— Chamar cada um deles em particular e dizer: "Filho, quero lhe fazer uma pergunta que nunca fiz, mas é importante que eu saiba a resposta. Você se sente amado? Abra o jogo. Quero saber como você se sente de verdade".

Will permaneceu em silêncio por um bom tempo.

— Vai ser difícil. Não sei se é necessário.

— Não é necessário — repliquei —, mas você nunca vai saber qual é a linguagem deles se não perguntar.

Minhas palavras ecoaram na mente de Will enquanto o casal voltava para casa. "Você nunca vai saber se não perguntar". Então, ele decidiu começar com Buck, o filho mais novo, com quem teve uma conversa a sós, atrás do celeiro. Fez a pergunta que sugeri, e Buck respondeu:

— Claro, pai, sei que você me ama. Você gasta tempo comigo. Quando vai à cidade, sempre me leva junto. Quando estamos no campo, você faz questão de encontrar tempo para a gente conversar. Sempre achei importante passar bastante tempo com você, apesar de saber que é muito ocupado.

Ao ver que Will emudeceu de emoção, Buck perguntou:

— Tem alguma coisa errada? Você não vai morrer, vai?

— Não, não vou morrer. Só queria ter certeza de que você sabe que eu o amo.

Essa foi uma experiência tão emocionante que Will demorou uma semana para reunir coragem e conversar com o filho de 17 anos, Jake. Uma noite, quando estavam sozinhos após o jantar, Will virou-se para o filho e disse:

— Jake, quero lhe fazer uma pergunta que nunca fiz, mas é importante que eu saiba a resposta. Pode ser difícil para você, mas quero que abra o jogo, porque preciso muito saber como se sente. Você tem certeza de que eu o amo?

Após um longo silêncio, Jake respondeu:

— Não sei exatamente como dizer, pai. Acho que você me ama, mas às vezes não sinto isso. Às vezes acho que você não me ama nem um pouco.

— Quando isso acontece, filho?

— Quando preciso de sua ajuda e você não me ajuda. Como naquela vez em que começou a pegar fogo no terreno perto do lago e mandei o Buck avisar você que eu precisava de ajuda. Ele voltou e contou que você disse que eu era capaz de resolver a situação sozinho. Buck e eu conseguimos apagar o fogo, mas eu me pergunto até hoje por que você não foi me ajudar. Digo sempre a mim mesmo que você estava tentando me tornar independente, mas continuo a sentir que você não me ama.

Jake prosseguiu:

— Quando eu tinha 10 anos e estava com dificuldade com a lição de matemática, pedi sua ajuda. Você me disse que eu era capaz de me virar sozinho porque era inteligente. Eu sabia que você podia me ajudar, e poderia ter ajudado se apenas me explicasse. Fiquei abatido. E houve mais uma vez, quando a carroça atolou e pedi que me ajudasse a tirá-la do lugar. Você disse que se eu consegui atolar a carroça também poderia tirá-la do lugar. Eu podia fazer aquilo sozinho, mas queria seu auxílio. Foi nessas vezes que achei que você não se importava comigo. Como eu disse, sei que você me ama, mas nem sempre sinto que isso é verdadeiro.

Aquelas palavras foram suficientes para fazer um caubói chorar.

— Sinto muito, Jake — Will disse. — Não sabia como você se sentia. Deveria ter feito essa pergunta antes. Queria que você fosse independente e autoconfiante. E você é. Tenho orgulho de você, e quero que saiba que eu o amo. A próxima vez que precisar de minha ajuda, conte comigo. Espero que você me dê outra chance.

E os dois se abraçaram na cozinha silenciosa.

Will teve nova oportunidade cerca de sete meses mais tarde, quando a carroça atolou no riacho. Os dois irmãos tentaram tirá-la de lá durante mais de duas horas, mas não conseguiram. Finalmente, Jake mandou Buck avisar o pai. Buck não acreditou quando o pai selou rapidamente o cavalo, convidando o garoto a acompanhá-lo na garupa até o riacho. Assim que a carroça foi tirada do riacho, Buck achou estranho o pai abraçar Jake e dizer:

— Obrigado, filho. Gostei muito disso.

A cura que começara na cozinha consumou-se no riacho. O rancheiro rude havia aprendido uma terna lição.

Serviço feito com amor ou trabalho forçado?

A tarefa de servir aos filhos é constante e se estende por muitos anos. Além disso, gira em torno de muitas outras obrigações, pelo que os pais às vezes esquecem que suas atitudes diárias e corriqueiras são expressões de amor com efeitos duradouros. Há ocasiões em que eles se sentem mais como escravos que servos amorosos, explorados pelo cônjuge, pelos filhos e pelos outros. No entanto, se adotarem essa atitude, a criança perceberá e sentirá que está recebendo pouco amor por meio da linguagem de atos de serviço.

Servir com amor não é sinônimo de trabalho forçado, como muitas pessoas receiam. O trabalho forçado é imposto externamente e cumprido com relutância. O serviço feito com amor é um desejo pessoal de usar a própria energia em favor dos outros. O serviço feito com amor é um dom, não uma necessidade, e é realizado livremente, não sob coerção. Quando os pais servem aos filhos com espírito de ressentimento e amargura, as necessidades físicas da criança talvez até sejam supridas, mas seu desenvolvimento emocional será grandemente prejudicado.

Os atos de serviço são muito corriqueiros. Por causa disso, até os melhores pais precisam parar de vez em quando para refletir como estão agindo, a fim de assegurar-se de que seus serviços estejam transmitindo amor aos filhos.

O propósito fundamental dos atos de serviço

O propósito fundamental dos atos de serviço aos filhos é ajudá-los a se tornarem adultos maduros, capazes de expressar amor aos outros mediante essa linguagem. Isso inclui não apenas ser útil para agradar às pessoas amadas, mas também servir àquelas que não sabem retribuir ou recompensar atos de bondade. Quando as crianças convivem com o exemplo de pais que servem à família e a quem se encontra fora dos limites de sua casa, elas também aprendem a servir.

A Bíblia diz que o serviço sacrificial é uma forma de agradar a Deus. Enquanto jantava na casa de um importante líder religioso, Jesus disse ao seu anfitrião:

> Quando oferecer um banquete ou jantar, não convide amigos, irmãos, parentes e vizinhos ricos. Eles poderão retribuir o convite, e essa será sua única recompensa. Em vez disso, convide os pobres, os aleijados, os mancos e os cegos. [...] você será recompensado.
>
> Lucas 14.12-14

Que palavras poderosas! É o que desejamos para nossos filhos: que sejam capazes de servir com compaixão e amor genuíno. Mas nossos filhos são imaturos. São autocentrados por natureza, e não devemos esperar que sirvam aos outros com motivação altruísta. Eles querem ser recompensados por bom comportamento. Demorará um pouco para que sejam capazes de expressar amor por meio de atos de serviço benevolentes.

Como caminhamos rumo a esse propósito fundamental? Primeiro, precisamos ter certeza de que nossos filhos se sentem genuinamente amados e cuidados. Temos de manter cheio o tanque emocional deles. Também lhes servimos de modelo. Ao ver nosso exemplo, eles experimentam primeiro nossos atos de serviço amorosos. À medida que crescem e tornam-se capazes de demonstrar gratidão, podemos substituir gradativamente as ordens por pedidos. Pedidos não fazem exigências. Os filhos têm dificuldade de demonstrar gratidão sincera quando são forçados a isso. Há uma diferença entre "Agradeça ao seu pai" e "Você poderia

Os filhos têm dificuldade de demonstrar gratidão sincera quando são forçados a isso.

agradecer ao seu pai?". O pedido é mais suave, impede a ira e nos ajuda a ser positivos e agradáveis.

Conforme amadurecem, as crianças percebem cada vez mais o que fazemos para elas e tornam-se mais conscientes do que lhes fizemos no passado. É claro que elas não se lembram de alguém lhes trocando as fraldas ou lhes oferecendo alimento. Mas elas veem os outros pais cuidando de seus bebês dessa maneira e sabem que receberam os mesmos atos de serviço. Com a certeza de serem genuinamente amadas, elas são capazes de agradecer quando o alimento é preparado e servido. Tornam-se mais sensíveis aos momentos de ouvir histórias, às brincadeiras em família, ao tempo que os pais reservam para ensiná-las a andar de bicicleta, ajudá-las nos deveres de casa, cuidar delas quando estão doentes, consolá-las quando estão magoadas, levá-las a lugares especiais e comprar-lhes guloseimas e presentes.

Com o tempo, essas crianças perceberão que seus pais também ajudam os outros. Aprenderão a visitar alguém doente ou dar dinheiro aos necessitados. Desejarão participar de projetos para ajudar outras pessoas, principalmente se isso envolver aventuras que lhes permitam sair da rotina familiar. Elas não precisam ir muito longe para encontrar os menos favorecidos. Em qualquer cidade há pessoas necessitadas. Sua família, isoladamente ou com a comunidade ou grupo religioso, pode separar um dia ou uma semana para oferecer serviços a uma ação missionária, um orfanato, uma organização que sirva alimento aos pobres, uma casa de repouso. Quando os pais trabalham junto com os filhos nesses atos de serviço, a atividade torna-se uma excelente lição sobre a alegria de ajudar os outros.

Existem também, claro, aquelas oportunidades mais exóticas de servir em lugares distantes por meio de iniciativa própria ou organizações privadas. Certo ano, eu (Ross) trabalhei como médico voluntário numa agência missionária cristã (Wycliffe Bible Translators) na Bolívia. Toda a família Campbell se mobilizou para me ajudar. Lembro-me de ter tratado, em nossa clínica, de um indiozinho de 3 anos que tinha uma grave fratura na perna. Ele permaneceu por seis meses no equipamento de tração, sem poder se movimentar. Muitos filhos de missionários do local tiveram a oportunidade de praticar vários atos de serviço para o menino. Eu me emocionei no Natal, quando nossa Carey, na época com 8 anos, ofereceu à irmã do menino seu presente mais precioso: uma boneca nova.

Ensinando por meio do exemplo

O ponto central do serviço missionário e social é o desejo de ajudar os outros com atos de serviço. No entanto, é possível que os pais se desviem do caminho certo e impeçam os filhos de doar-se de forma altruísta. Devemos ser cuidadosos ao servir, a fim de nunca demonstrar amor condicional. Os pais que se doam aos filhos somente quando se agradam do comportamento deles praticam atos serviço condicionais. Nossas crianças observadoras aprenderão que só devem ajudar os outros se receberem uma recompensa.

"O que eu recebo em troca?" é uma atitude predominante em nossa sociedade. No entanto, é exatamente oposta à linguagem do amor dos atos de serviço (e contrária à essência de um serviço social e missionário cristão). Talvez você tenha sido uma das crianças educadas nessa mentalidade egoísta. Agora você deseja que seus filhos se tornem pessoas íntegras. Deseja que sejam bondosos e generosos com os outros, principalmente com os menos favorecidos, sem esperar nada em troca. E pode ser que duvide que isso seja possível em nossa sociedade.

É possível, claro, mas depende muito de você. Seus filhos precisam ver em você as características que você deseja ver neles. Precisam experimentar seus atos de serviço e envolver-se em seu trabalho em favor dos outros. Você pode ensiná-los, a partir do seu exemplo a demonstrar preocupação com o próximo.

"Projetos do bem"

Uma das maneiras mais eficientes de fazer boas ações é receber convidados em casa. A hospitalidade familiar é um tesouro precioso, porque, nesse ato de serviço, as pessoas passam a se conhecer verdadeiramente e formam fortes laços de amizade. Quando você abre as portas de sua casa para os outros, seus filhos aprendem essa importante maneira de compartilhar amor com os amigos e a família.

Na família Chapman, quando nossos filhos eram pequenos, abríamos a casa todas as sextas-feiras à noite para receber estudantes de algumas faculdades próximas, entre elas a Wake Forest University, e reuníamos de vinte a sessenta alunos. Nossas reuniões eram simples. Das 20h às 22hs, discutíamos sobre um assunto moral, social ou de relacionamento, extraído de uma passagem bíblica. A seguir, servíamos um lanche acompanhado de conversas informais. À meia-noite, despachávamos todo mundo.

Nossos filhos, Shelley e Derek, andavam de um lado para outro, entrando e saindo. Era comum encontrar um dos dois dormindo apoiado em um aluno, perto da lareira, ou conversando animadamente com alguém. Os alunos eram a extensão de nossa família, e as crianças aguardavam ansiosamente as noites de sexta-feira.

Nas manhãs de sábado, quase sempre alguns jovens voltavam para aquilo que passamos a chamar de "Projetos do bem". Lotávamos a *van* com alunos e os distribuíamos na comunidade para varrer as folhas dos jardins dos idosos, limpar calhas ou executar outros serviços que precisassem ser feitos. Shelley e Derek sempre nos acompanhavam nesses projetos. E, sim, insistiam em varrer as folhas sozinhos, embora sua maior alegria fosse jogar-se em cima do monte de folhas que haviam juntado.

Hoje, Shelley e Derek são adultos e consideram esse envolvimento com os alunos uma parte importante e significativa de sua infância. Shelley, que atualmente é médica com especialização em ginecologia e obstetrícia, reconhece que as conversas que teve com os alunos da Bowman Gray Medical School exerceram grande influência na sua vocação. Ela e Derek preocupam-se muito com os outros. Derek tornou-se conhecido por convidar as pessoas que vivem nas ruas para abrigar-se em seu apartamento durante o inverno (será que ensinamos isso a ele?). Estamos convencidos de que o fato de compartilhar nossa casa com os outros e envolver a família em projetos de serviço exerceu um efeito profundo e positivo em nossos filhos.

Tenha como objetivo ensinar seus filhos a servir aos outros com naturalidade. Eles não escolherão esse caminho por acaso. Ao contrário, aprenderão se você permitir que tenham pequenas participações quando estiverem ajudando-o a servir aos outros. À medida que forem crescendo, você poderá aumentar as tarefas deles.

Quando a principal linguagem do amor de seus filhos são atos de serviço

Os atos de serviço que expressam amor verdadeiro são comunicados à maioria das crianças num nível emocional. No entanto, caso servir seja a principal linguagem do amor de seu filho, os atos de serviço que você demonstra comunicarão melhor que você o ama. Quando essa criança lhe pede que conserte a bicicleta ou remende o vestido da boneca, ela não está querendo que você simplesmente execute a tarefa; está clamando por amor. Era o que Jake estava pedindo a Will, seu pai.

Quando reconhecemos e reagimos a esses pedidos e oferecemos ajuda com atitude carinhosa e positiva, a criança sai com o tanque cheio de amor, como ocorreu com Jake. Quando, porém, os pais se recusam a reagir às necessidades do filho ou usam palavras duras ou críticas, a criança tem a bicicleta consertada, mas seu espírito fica desencorajado.

Se os atos de serviço forem a principal linguagem do amor de seu filho, não significa que você tenha de atender a todo e qualquer pedido dele. Significa que deve ser extremamente sensível a esses pedidos e reconhecer que sua reação ajudará a encher o tanque de amor de seu filho ou, então, a perfurá-lo. Cada pedido requer uma reação criteriosa e amorosa.

O que as crianças dizem

Observe o que cada uma destas crianças diz a respeito de sua principal linguagem do amor.

Isabella, 7 anos, vem apresentando numerosos problemas de saúde. "Sei que a mamãe me ama porque quando preciso de ajuda com os deveres de casa, ela me ajuda. Quando tenho de ir ao médico, ela sai mais cedo do trabalho para me levar. Quando estou muito doente, ela faz minha sopa favorita."

Bradley, 12 anos, mora com a mãe e o irmão mais novo. O pai foi embora de casa quando Bradley tinha 6 anos. "Sei que minha mãe me ama porque prega os botões na minha camisa quando eles caem e também me ajuda com os deveres de casa todas as noites. Ela trabalha muito num escritório para nos dar roupa e comida. Acho que meu pai me ama, mas ele não me ajuda muito."

Jodi, 14 anos, frequenta uma classe para alunos especiais numa escola pública. Mora com a mãe. "Sei que minha mãe me ama porque ela me ajuda a arrumar a cama e lava minhas roupas. À noite, ela me ajuda com os deveres de casa, principalmente com as lições de arte."

Melania, também 14 anos, é a mais velha de quatro filhos. "Sei que meus pais me amam porque fazem muitas coisas para mim. Mamãe fez minha roupa para a peça teatral na escola; na verdade, ela fez roupas para duas outras alunas. Isso me deixou muito orgulhosa dela. Papai sempre ajuda com os deveres de casa, e este ano ele está dedicando um tempo para me auxiliar em álgebra. Nunca imaginei que ele se lembrasse de todas essas coisas."

Para essas crianças, os atos de serviço dos pais foram recebidos como expressão de amor. Os pais cujos filhos têm no serviço sua principal linguagem do amor aprendem que servir é um ato amoroso. Sirva a seu filho — e aos outros —, e eles saberão que você os ama.

Se a linguagem do amor de seu filho for ATOS DE SERVIÇO:

Apresentamos a seguir outras ideias indicadas para os pais. Escolha algumas para tentar algo novo que seu filho provavelmente apreciará.

- Ajude seu filho a treinar para jogar no time dele, seja lançando bolas no beisebol, seja praticando arremessos livres no basquete.
- Sente-se ao lado de seu filho para ajudá-lo se ele tiver problemas ao lidar com o computador.
- Em vez de apenas ordenar que seu filho vá dormir, conduza-o com carinho até o quarto e coloque-o debaixo das cobertas.
- Se tiver filhos em idade escolar, o momento em que acordam de manhã é uma boa ocasião para ajudá-los a escolher o que vão vestir.
- De vez em quando, acorde meia hora mais cedo para preparar um café da manhã especial para seus filhos.

- Comece a ensinar a seu filho a importância de servir aos outros, participando juntos de um grupo da comunidade local ou de um ministério da igreja.
- Para as crianças mais novas, separe os brinquedos favoritos delas enquanto estiverem cochilando ou na escola, para que possam brincar com eles o quanto antes (em sua companhia!).
- Quando estiverem atrasados para um compromisso ou reunião, ajude seu filho a terminar rapidamente o que ele está fazendo para que ambos fiquem prontos logo; faça isso em vez de gritar para que ele se apresse.
- Nas ocasiões em que seu filho estiver doente, esforce-se para exibir o filme favorito dele, leia histórias para ele ou compre-lhe um livro de sua série favorita.
- Apresente seu filho a um de seus amigos ou membro da família que possa ajudá-lo numa área de interesse como informática, futebol, piano ou escotismo.
- Escolha uma situação na qual você servirá a seu filho acima e além das expectativas normais. Por exemplo, comprometa-se a sempre colocar *chantilly* no chocolate quente dele, a deixar na cama o urso de pelúcia dele, na hora de dormir, ou a providenciar todos os equipamentos de pintura quando ele quiser pintar.
- Comece a tradição do "jantar de aniversário" e prepare a refeição que seu filho desejar no dia do aniversário dele.
- Prepare uma lista das várias atividades que seu filho gosta de fazer com você. De vez em quando, escolha uma dessas atividades para fazerem juntos quando ele menos esperar.
- Crie cartões de memorização para a próxima prova ou teste de seu filho. Memorize-os junto com seu filho até que ele se sinta confiante com o material.
- Ajude seu filho a consertar o brinquedo favorito ou a bicicleta dele. Esse tempo que passarão juntos comunicará apreço a uma criança cuja linguagem do amor são atos de serviço.

7

Como descobrir a principal linguagem do amor de seu filho

Já apresentamos as cinco linguagens do amor, e você ouviu crianças descrevendo como determinada linguagem lhes fala verdadeiramente. Mesmo assim, você ainda se pergunta: "Qual é a principal linguagem do amor de meu filho? Não tenho certeza se sei". Descobrir a principal linguagem de amor de seu filho pode demorar um pouco, mas há pistas por toda parte. Este é o nosso capítulo detetive, no qual o ajudaremos a descobrir a principal linguagem do amor de seu filho.

No entanto, antes de você conhecer as pistas, vamos examinar outro motivo crucial que faz a busca valer a pena. Mencionamos que falar a principal linguagem do amor de seu filho o ajuda a sentir-se amado. Quando ele se sente amado, ou seja, quando seu tanque emocional está cheio, ele se torna mais sensível à orientação dos pais em todas as áreas da vida. Ouve sem ressentimento. Há, porém, outra razão igualmente importante para aprender a linguagem do amor de seu filho — e também a falar as outras quatro linguagens. Quando expressamos amor nas cinco linguagens, principalmente na linguagem do amor da criança, mostramos a ela maneiras de amar as pessoas e a necessidade que ela própria tem de falar a linguagem do amor dos outros.

O caminho do altruísmo

A habilidade de dar amor e estímulo em todas as linguagens fará de seus filhos pessoas mais equilibradas e capazes de viver bem em sociedade. Nesse meio-tempo, elas poderão falar as linguagens do amor para satisfazer às próprias necessidades e ser úteis aos outros.

Todas as crianças são egoístas e, portanto, não têm consciência da importância de se comunicar de formas que não lhes sejam familiares ou confortáveis. Por exemplo, uma criança tem dificuldade para compartilhar e, por consequência, para dar presentes. Outra gosta de ficar isolada e acha difícil entender porque as pessoas sociáveis precisam desfrutar tempo de qualidade. Uma terceira tende a ser tão comportada que tem dificuldade de comunicar-se verbalmente. As crianças muito quietas apresentam essa característica. Ajudar essa criança a ser mais comunicativa, mais segura e extrovertida é uma expressão significativa de amor por parte dos pais. Ela aprenderá a importante linguagem das palavras de afirmação.

Quando aprendemos a falar a linguagem do amor de nossos filhos, mesmo que seja diferente da nossa, mostramos a eles o caminho do altruísmo, o caminho de servir aos outros. Direcionamos nossos filhos a uma parte importante da vida adulta: compartilhar com os outros e cuidar de quem precisa de ajuda. Imagine, por exemplo, se todas as crianças aprendessem a gostar da quinta linguagem do amor, atos de serviço. As associações de bairro que imploram por voluntários para limpar a cidade teriam ruas mais bem cuidadas. Haveria um número enorme de voluntários para acolher o novo vizinho. As igrejas teriam uma longa fila de espera de pessoas querendo colaborar no trabalho dos departamentos ou servir nos bastidores.

É demorado

Sabendo disso, deveríamos concordar que falar as cinco linguagens do amor com nossos filhos é importante e que descobrir a principal linguagem deles é fundamental. Como aprendemos essa linguagem?

Demora um pouco. Com um bebê, você precisa expressar amor em todas as cinco linguagens; é assim que ele se desenvolve emocionalmente. Talvez seja nessa época que você começará a ver as pistas da linguagem preferida dele — se estiver usando todas generosamente. Por exemplo, uma criança reage pouco à voz materna, enquanto outra se acalma incrivelmente ao ouvir a mãe. Um bebê se acalma com a proximidade de alguém, enquanto outro aparentemente nem nota a presença dessa pessoa.

À medida que seu filho for crescendo, você começará a ver não só que uma das cinco linguagens fala mais profundamente de seu amor a ele que as outras, como também que seu filho ficará magoado quando essa linguagem for usada negativamente. Lembre-se das duas verdades sobre as cinco linguagens do amor e você se tornará mais eficiente ao expressar afeição e menos destrutivo quando estiver irado ou frustrado com seu filho.

A descoberta da linguagem do amor de seu filho é um processo; leva tempo, principalmente quando a criança ainda é muito nova. Os bebês estão apenas começando a aprender como receber e expressar amor nas várias linguagens. Significa que farão experiências com as ações e reações que lhes forem mais satisfatórias. Podem repetir determinada reação por uns tempos, o que não quer dizer que essa seja sua principal linguagem. Em poucos meses, eles podem se especializar em outra.

Fases do amor: a história de Cami

Na família Campbell, ficamos intrigados ao observar nossa neta, Cami, interagir com pessoas idosas da casa de repouso onde sua bisavó morava. Mesmo quando tinha 2 ou 3 anos, Cami adorava fazer desenhos para os moradores e os oferecia a cada um deles. Também fazia questão de que sua bisavó recebesse muitos cartões e presentes no aniversário e no

Natal, apesar de aquela senhora sofrer do mal de Alzheimer e desconhecer a existência de Cami.

Teria sido muito fácil presumirmos que a principal linguagem do amor de Cami eram atos de serviço. No entanto, seria um erro, porque ela era muito pequena para alguém ter certeza disso. Também observávamos sua necessidade de atenção da parte dos pais, principalmente no que se referia a toque físico, contato visual, palavras de afeto e tempo de qualidade.

Enquanto Cami crescia, gostávamos muito de observar sua maneira de expressar e receber amor, lembrando sempre que as crianças atravessam períodos nos quais sua principal linguagem do amor pode mudar temporariamente, em especial durante a adolescência. Mencionamos esse detalhe porque queremos lembrá-lo de que a linguagem do amor não é estática. Ao mesmo tempo que você precisa observar a principal linguagem do amor de seu filho, também precisa ter em mente que as crianças passam por fases diferentes de amor, assim como fazem com todas as outras coisas. Elas tentam descobrir formas de se comunicar, assim como tentam descobrir passatempos e interesses escolares. Às vezes, preferem uma linguagem para receber amor e outra para expressá-lo. Por isso, jamais queira "classificar" uma criança quando ela estiver num desses períodos de mudança.

O maior valor de descobrir a principal linguagem de seu filho é que ela oferece a você os meios mais eficientes de comunicar amor emocional. Quando notar que seu filho está desanimado e distante e quiser expressar afeto emocional a ele, você saberá como focar seu amor.

Não se engane!

Ao começar a busca para identificar a principal linguagem do amor de seu filho, é melhor não falar sobre o assunto com ele, principalmente se for adolescente. As crianças são egoístas por natureza. Se perceberem que o conceito das linguagens do amor é importante para você, poderão usar o conceito para manipulá-lo e convencê-lo a satisfazer os desejos momentâneos delas. Os desejos que elas expressam têm muito pouco a ver com suas grandes necessidades emocionais.

Por exemplo, se um filho tem lhe implorado para ganhar um iPhone, ele poderá ver a ideia da linguagem do amor como um meio de manipular você para comprar o aparelho. Basta ele lhe dizer que sua principal linguagem do amor são presentes e que, se você o ama de verdade, comprará o iPhone. Como pai consciente, que quer encontrar a principal linguagem de seu filho, você provavelmente comprará o presente antes de perceber que foi ludibriado. Lembre-se: ser bom pai não significa dar aos filhos tudo que eles desejam.

Empregue os seguintes métodos ao procurar descobrir a principal linguagem do amor de seu filho.

1. Observe como seu filho expressa amor por você

Observe seu filho. É bem capaz que ele esteja falando a própria linguagem do amor. Isso se aplica particularmente às crianças pequenas, que provavelmente expressam amor por você na linguagem que elas mais desejam receber. Se seu filho de 5 a 8 anos lhe diz com frequência palavras de apreciação como "Mamãe, você é muito bonita", "Papai, obrigado por me ajudar com os deveres de casa", "Amo você, mamãe", "Tenha um bom dia, papai", é correto suspeitar que a principal linguagem dele sejam palavras de afirmação.

Esse método não é tão eficiente com um filho de 15 anos, principalmente se ele for mestre na arte da manipulação. Ele já aprendeu pelo método de tentativas e erros que, se disser palavras positivas, é bem provável que você ceda a um de seus desejos, mesmo que não esteja plenamente convencido disso. Por esse motivo, o primeiro método é mais indicado para crianças de 5 a 10 anos.

2. Observe como seu filho expressa amor aos outros

Se seu filho que está cursando o primeiro ano deseja sempre levar um presente à professora, é sinal de que a principal linguagem dele são presentes. No entanto, tome cuidado para não sugerir presentes para a professora. Se você sugerir, seu filho estará apenas seguindo sua orientação, e o presente não será uma expressão de amor nem funcionará como dica para descobrir a principal linguagem dele.

A criança cuja linguagem do amor são presentes sente enorme prazer em receber coisas e deseja que os outros tenham também o mesmo sentimento. Ela acredita que quem ganha o presente sente o mesmo que ela quando recebe um.

3. Preste atenção ao que seu filho pede com mais frequência

Se seu filho lhe diz com frequência: "Veja o que estou fazendo", saiam para brincar juntos ou sente-se e leia uma história para ele. Ele está pedindo tempo de qualidade. Se os pedidos seguirem mais ou menos essa linha, ele estará pedindo aquilo de que mais necessita emocionalmente, ou seja, sua atenção exclusiva. Todas as crianças necessitam de atenção, claro, mas para aquelas que recebem mais amor dessa maneira, os pedidos para passar tempo junto com você superarão grandemente todos os outros.

Se seu filho solicita constantemente comentários a respeito do trabalho dele, talvez sua linguagem do amor sejam palavras de afirmação. Perguntas como "Mãe, o que você acha da dissertação que escrevi?", "Este acessório me cai bem?" ou "Pai, como me saí no jogo?" são pedidos de palavras de afirmação. Repetindo: todas as crianças precisam de palavras de afirmação, as desejam e de vez em quando pedem por elas. Mas, se os pedidos de seu filho tendem a concentrar-se nessa área, há uma forte indicação de que a principal linguagem dele sejam palavras de afirmação.

4. Observe as reclamações mais frequentes de seu filho

Esse método relaciona-se com o terceiro, mas, em vez de pedir algo diretamente, desta vez seu filho reclama que não está recebendo nada de você. Se ele reclama dizendo "Você está sempre ocupado", "Você só fica cuidando do bebê" ou "Nunca vamos fazer compra juntos", provavelmente está revelando mais que uma simples frustração com a chegada do bebê. Está querendo dizer que, desde que o bebê chegou, ele sente menos amor de sua parte. Nessas queixas, ele está claramente pedindo tempo de qualidade.

Uma reclamação ocasional sobre falta de tempo de qualidade não indica que essa seja a principal linguagem do amor de seu filho. Por exemplo, "Papai, você trabalha muito" pode ser uma repetição do que a criança tem ouvido a mãe dizer. Ou "Gostaria que as férias de nossa família fossem iguais às férias da família do Ben" talvez revele um desejo de ser como o Ben.

Toda criança reclama de vez em quando. Muitas dessas reclamações estão relacionadas com desejos imediatos e não necessariamente indicam uma linguagem do amor. Se, porém, as reclamações forem repetitivas, de modo que mais da metade se concentre em uma linguagem do amor, então elas são extremamente indicativas. A frequência é o segredo.

5. Dê duas opções a seu filho

Oriente seu filho a fazer escolhas entre duas linguagens do amor. Por exemplo, o pai diz ao filho de 10 anos: "Jamal, vou sair mais cedo na quinta-feira. Podemos ir à academia juntos ou ir a uma loja para eu ajudá-lo a escolher um par de tênis. O que você prefere?". O filho pode escolher entre tempo de qualidade e um presente. A mãe diz à filha: "Tenho um tempo livre no fim da tarde. Podemos levar o cão ao parque ou talvez eu possa ajudá-la a estudar para a prova. O que você prefere?".

Essa é uma escolha óbvia entre tempo de qualidade e ato de serviço.

Quando você der opções a seu filho durante algumas semanas, anote as escolhas dele. Se a maioria se concentrar em torno de uma das cinco linguagens, provavelmente você já descobriu a linguagem que mais comunica amor ao seu filho. Pode ser que ele não aceite nenhuma das duas opções e sugira uma terceira. Anote também esses pedidos, uma vez que podem lhe dar mais pistas.

Se seu filho quiser saber quais são as suas intenções ao apresentar-lhe escolhas com tanta frequência e perguntar o que está acontecendo, diga: "Tenho pensado em como investir meu tempo com a família. Gosto de saber o que você pensa e sente a respeito do que fazemos quando passamos um tempo juntos. Tem sido muito útil para mim. O que você acha?". Seja tão filosófico ou tão simples quanto desejar. No entanto, diga a verdade. Quando você procura descobrir a linguagem do amor de seu filho, proporciona a ele o exercício da escolha.

Usando as escolhas para descobrir a linguagem do amor

Aos 6 anos

As opções que você apresenta a seu filho dependem da idade e do interesse dele. As alternativas a seguir são meros exemplos para estimular sua criatividade. Você pode dizer a uma criança do primeiro ano:

"Você gostaria que eu lhe fizesse um bolo (*atos de serviço*) ou que tomássemos uma limonada juntos na varanda (*tempo de qualidade*)?"

"Você quer brincar de luta (*toque* físico) ou prefere que leiamos uma história juntos (*tempo de qualidade*)?"

"Enquanto eu estiver fora da cidade por dois dias, você deseja que eu lhe compre uma lembrança (*presente*) ou que lhe envie um *e-mail* especial (*palavras de afirmação*)?"

"Você quer brincar comigo de 'Eu gosto de você porque...' (*palavras de afirmação*) ou prefere que eu coloque novas prateleiras no seu quarto (*atos de serviço*)?"

A brincadeira "Eu gosto de você porque..." é uma atividade na qual o pai (ou a mãe) e o filho se revezam para completar a sentença. Por exemplo, o pai diz: "Eu gosto de você porque você tem um sorriso bonito". E a criança diz: "Eu gosto de você porque você lê histórias para mim". A mãe diz: "Eu gosto de você porque você é gentil com sua irmã". Trata-se de uma forma agradável de dizer palavras de afirmação à criança e de ensiná-la a retribuí-las aos pais. A brincadeira pode também incluir o alfabeto, de modo que na primeira rodada a frase que completa a sentença comece com A, como: "Porque você é atencioso"; na segunda, comece com B: "Porque você é bonita", e assim por diante.

Aos 10 anos

Se seu filho tiver em torno de 10 anos, faça perguntas do tipo:

"O que você gostaria de ganhar no seu aniversário: uma bicicleta nova (*presente*) ou uma viagem comigo (*tempo de qualidade*)?"

"Você prefere que eu conserte seu computador hoje à noite (*atos de serviço*) ou que joguemos basquete juntos (*tempo de qualidade* e *toque físico*)?"

"Quando a gente for visitar a vovó neste fim de semana, você quer que eu conte a ela que você se saiu muito bem nos estudos neste trimestre (*palavras de afirmação*) ou que eu compre uma surpresa quando estivermos lá, para comemorar seu sucesso (*presente*)?" Talvez você queira fazer as duas coisas.

"Você prefere que eu assista à sua aula de ginástica (*tempo de qualidade*) ou que lhe compre uma calça *jeans* (*presente*)?"

Aos 17 anos

As opções a seguir são apropriadas para os filhos de 17 anos.

Você e seu filho compraram um carro usado e estão tentando deixá-lo em boas condições para quando ele tirar a carteira de habilitação. A opção é: "Neste sábado, quer trabalhar comigo no conserto do carro (*tempo de qualidade*) ou quer que eu faça o serviço sozinho enquanto você se diverte com seus amigos (*atos de serviço*)?"

"Você prefere que eu lhe compre uma jaqueta no sábado à tarde (*presente*) ou que passemos um tempo juntos enquanto seu pai está fora (*tempo de qualidade*)?"

"Já que vamos ficar sozinhos em casa esta noite, você gostaria de jantar fora (*tempo de qualidade*) ou prefere que eu faça sua *pizza* favorita (*atos de serviço*)?"

"Se você estivesse desanimado e eu quisesse ajudá-lo, o que lhe seria mais útil: que me sentasse ao seu lado, lhe dissesse que o amo muito e depois mencionasse alguns de seus pontos positivos (*palavras de afirmação*) ou que lhe desse um forte abraço e dissesse: 'Estou com você para o que der e vier' (*toque físico*)?"

Oferecer escolhas será útil somente se você usar esse método com frequência e observar um procedimento repetitivo que mostre com clareza a preferência por uma das linguagens do amor. É provável que você precise oferecer vinte ou trinta opções antes que o padrão de respostas se manifeste claramente. Respostas isoladas talvez indiquem a preferência do momento.

Se quiser ser muito criativo nesse método, relacione trinta alternativas, sempre incluindo um número igual de opções para cada linguagem do amor. Depois, apresente a lista a seu filho como se fosse uma pesquisa sobre escolhas. A maioria dos adolescentes costuma cooperar, e os resultados lhe darão uma clara leitura da linguagem do amor de seu filho.

Uma experiência de quinze semanas

Se nenhuma das sugestões apresentadas for eficaz para lhe dar pistas a respeito da linguagem do amor de seu filho, esta poderá funcionar. Se, porém, começar a segui-la, esteja preparado para ir até o fim, ou seja, persistir por quinze semanas.

Primeiro, para expressar amor ao seu filho, escolha uma das cinco linguagens e concentre-se nela durante duas semanas. Por exemplo, se começar com tempo de qualidade, todos os dias tente comunicar amor ao seu filho dando-lhe atenção exclusiva por pelo menos trinta minutos. Um dia, leve-o para tomar café da manhã fora de casa. No outro, jogue *video game* com ele ou leiam um livro juntos. Enquanto dá essa atenção exclusiva ao seu filho, observe a reação dele. Se, no final de duas semanas, ele começar a implorar por liberdade, é sinal de que você deve mudar de tática. Se, no entanto, você vir um brilho diferente em seu olhar e ouvir comentários positivos de que ele está gostando desses momentos juntos, provavelmente encontrou o que estava procurando.

Depois de duas semanas, descanse uma, sem afastar-se totalmente da experiência e dedicando àquela linguagem cerca de um terço do tempo que dedicou antes. Isso permitirá uma aproximação entre vocês. Escolha, então, outra linguagem do amor e concentre-se nela nas duas semanas seguintes. Por exemplo, se escolher toque físico, deverá tocar em seu filho de formas significativas pelo menos quatro vezes por dia. Antes de ele sair para a escola, dê-lhe um abraço e um beijo. Quando ele voltar, receba-o com outro rápido abraço. Quando ele se sentar à mesa, acaricie as costas dele por um minuto. Depois, quando ele estiver fazendo os deveres de casa, dê-lhe um tapinha no ombro. Repita o processo todos os dias, variando suas expressões de contatos físicos, mas sempre proporcionando toques significativos, pelo menos quatro vezes por dia.

Observe a reação dele. Se, no final das duas semanas, ele estiver arredio, dizendo: "Pare de tocar em mim", é sinal de que essa não é a principal linguagem do amor de seu filho. Mas, se ele se deixar levar, dando a entender que se sente bem, é provável que você esteja no caminho certo.

Na outra semana, afaste-se um pouco e observe a reação dele. Depois, escolha outra linguagem do amor e siga o mesmo procedimento. Continue observando o comportamento dele durante as semanas seguintes. Ele poderá começar a pedir uma linguagem que você já utilizou. Se assim for, ele está lhe fornecendo uma pista. Ou talvez reclame que você abandonou o que estava fazendo duas semanas atrás; essa também é uma pista.

Se seu filho quiser saber o que você tem em mente, diga: "Quero amá-lo de todas as maneiras que puder, para que saiba que me importo muito com você". Não mencione o conceito das principais linguagens do amor. E, enquanto estiver pondo essa experiência em prática, tenha em mente que seu filho ainda precisa de seu amor demonstrado em todas as linguagens: palavras alentadoras, atenção concentrada, atitudes amorosas, presentes apropriados e toque físico acompanhado de contato visual.

Se você tem filhos adolescentes...

Se está tentando educar adolescentes, saiba que essa é uma tarefa inigualável. Em razão das mudanças que os adolescentes atravessam, o amor que dão e recebem muda de acordo com o humor. A maioria passa por períodos que podem ser muito bem descritos como "fase dos grunhidos", porque tudo que você consegue extrair deles são alguns resmungos que soam como rosnados.

A mãe diz:

— Oi, querido, está tudo bem?

O filho reponde:

— Tá (*quase inaudível*).

A mãe pergunta:

— O que você fez nesta manhã?

O filho replica:

— Nada (*quase inaudível*).

Nessa fase difícil, alguns adolescentes podem se mostrar incapazes de receber qualquer linguagem do amor, com exceção do toque físico (ainda assim, somente se for um contato rápido). É claro que de vez em quando eles saem da toca para respirar. Durante esses períodos de maior coerência, você vai querer mostrar-lhes todo o amor que puder, principalmente na principal linguagem deles.

Às vezes, um filho adolescente dificulta sua tarefa de encher o tanque emocional dele e o põe à prova para saber se é amado de verdade. Fica mal-humorado sem motivo aparente, complicando ainda mais sua tarefa, ou simplesmente passa a ter um comportamento passivo-agressivo. Talvez esse seja um modo subconsciente de perguntar: "Você me ama mesmo?".

Esses comportamentos sempre são um teste para os pais. Se você permanecer calmo, ponderado e agradável (firme, porém agradável), passará no teste, e seu filho adolescente amadurecerá depois de atravessar essa fase difícil.

Quando tinha 13 anos, Dan começou a testar os pais. Jim, o pai dele, frustrou-se um pouco no início, mas depois percebeu que havia deixado vazio o tanque de amor do filho. Sabendo que a principal linguagem do amor de Dan era tempo de qualidade, Jim decidiu passar um fim de semana inteiro com o filho para reabastecer aquele tanque vazio — um desafio muito difícil, uma vez que o tanque de amor dos adolescentes é enorme. Depois de passarem um fim de semana juntos, Jim achou que havia cumprido seu propósito e decidiu que nunca mais deixaria o tanque de amor de Dan esvaziar.

Na noite em que voltaram, Jim tinha de comparecer a uma reunião importante, o que já era do conhecimento de Dan. Quando Jim estava saindo de casa, o filho o chamou:

— Pai, você tem um minuto?

Chegou a hora do teste. Na verdade, Dan estava perguntando: "Pai, você me ama mesmo?".

Nessas ocasiões, muitos pais são pegos nessa armadilha e perdem a calma. Felizmente, Jim percebeu o que estava acontecendo e parou para conversar com Dan:

— Tenho de sair imediatamente para a reunião. Conversamos assim que eu voltar para casa, mais ou menos às 21h30.

Se Jim tivesse perdido a paciência com Dan e dito "Acabei de passar um fim de semana inteiro com você! O que mais você quer?", teria furado aquele tanque que levou 48 horas para ser abastecido.

Tornando-se poliglota

Seja qual for a linguagem do amor de seu filho, lembre-se de que é importante falar as cinco linguagens. É fácil cometer o erro de usar uma linguagem do amor e excluir as outras. Isso se aplica especialmente aos presentes, porque parecem exigir menos tempo e energia de nossa parte. Se, porém, cairmos na armadilha de cobrir nossos filhos de coisas, deixaremos vazio o tanque emocional deles e poderemos fazê-los ver o mundo com olhar materialista.

Além disso, se aprendermos a falar as cinco linguagens do amor, teremos mais facilidade de cuidar das outras pessoas ao longo da vida, não apenas de nossos filhos, mas também de nosso cônjuge, amigos e parentes. Neste momento, a ênfase está em cuidar de nossos filhos, mas sabemos que daqui a alguns anos eles estarão se relacionando com todo tipo de gente, a maioria muito diferente deles.

Como pais, precisamos lembrar que aprender as linguagens do amor é um processo de amadurecimento e que esse processo é lento, doloroso e quase sempre difícil. Se nos tornarmos poliglotas, ajudaremos também nossos filhos a aprender como dar e receber em todas as linguagens do amor. Se formos fiéis no amor e nos exemplos, poderemos vislumbrar nossos filhos chegando à vida adulta com capacidade de compartilhar amor com os outros de muitas maneiras. Quando isso acontecer, eles serão adultos extraordinários!

8

A disciplina e as linguagens do amor

Qual destas palavras é negativa: *amor*, *cordialidade*, *risos*, *disciplina*?

Nenhuma. Ao contrário do que muitas pessoas pensam, *disciplina* não é uma palavra negativa. *Disciplina* deriva de um termo grego que significa "treinar". A disciplina implica a tarefa longa e vigilante de orientar a criança desde a infância até a vida adulta. O objetivo é levar a criança a alcançar um nível de maturidade que, um dia, lhe permitirá atuar na sociedade como um adulto responsável. Esse, sim, é um alvo positivo!

Treinar a mente e o caráter da criança para que ela se torne uma pessoa controlada e construtiva no lar e na comunidade exige que você use todos os tipos de comunicação com ela. Ponha a orientação em prática por meio de exemplos, modo de vida, instrução verbal e escrita, ensinando e aconselhando um comportamento correto, corrigindo comportamentos inadequados, proporcionando experiências de aprendizado e muito mais. O castigo é também um desses meios e tem o seu lugar; porém, na maioria dos lares é usado em excesso. Na verdade, muitos pais pensam que disciplina e castigo são sinônimos. Castigo é um tipo de disciplina, embora seja muito negativo.

Alguns pais, especialmente aqueles que não receberam muito amor na infância, têm a tendência de fazer vista grossa à importância de cuidar de uma criança. Acham que o castigo é a principal tarefa na criação dos filhos, em vez de usar outras formas mais positivas de disciplina. Para ser eficientes na disciplina, os pais precisam manter o tanque emocional do filho totalmente abastecido de amor. Na verdade, disciplinar sem amor é o mesmo que tentar fazer um motor funcionar sem óleo. Parece dar certo por uns tempos, mas acabará em desastre.

Por causa da confusão a respeito da disciplina, neste capítulo nos concetraremos no significado corretivo e comum da palavra, e no próximo falaremos sobre os aspectos do ensino e da aprendizagem da disciplina. Nos dois casos, analisaremos como a linguagem do amor de seu filho ajudará você a discipliná-lo.

As crianças pequenas devem ficar longe da rua

A definição mais popular de disciplina remete ao ato de assegurar a autoridade dos pais e desenvolver as diretrizes para o comportamento dos filhos, de modo que estes vivam de acordo com essas diretrizes. Historicamente, cada cultura estabelece expectativas para o comportamento na fase adulta e encontra os meios para que isso seja alcançado.

Observando a história, vemos que todos os tipos de sociedade consideram os seres humanos criaturas morais. Nas comunidades maiores, algumas coisas são consideradas certas e outras, erradas; algumas são aceitáveis e outras, inaceitáveis. Embora os padrões sejam diferentes de um lugar para outro, nenhuma sociedade é amoral. Cada uma tem seus códigos, regras, leis e entendimentos éticos. Quando optam por uma vida imoral, as pessoas causam mal a si mesmas e prejudicam a sociedade na qual vivem.

Os pais exercem o papel mais importante na disciplina das crianças porque são eles que transmitem para seus descendentes os padrões geralmente aceitos em sua cultura. Os bebês não são capazes de decidir como viver e, sem a orientação dos pais, não sobreviverão até a fase adulta. Durante a infância, os pais precisam não somente controlar o comportamento do filho como também garantir que ele cumpra as regras. Isso significa que não permitirão um bebê engatinhar em direção à lareira, por mais atraentes que sejam as chamas. Mais tarde, quando tiver 2 ou 3 anos, a criança precisará ser mantida longe da rua para não ser atropelada por um carro. Os pais também precisarão guardar os medicamentos e as substâncias tóxicas longe do alcance do pequeno.

A partir dessa fase da infância, que exige controle total, os pais seguem em frente dedicando mais de uma década para educar os filhos até um nível aceitável de autodisciplina. O caminho rumo à maturidade é aquele no qual cada criança precisa caminhar e no qual cada pai precisa acatar sua responsabilidade. É uma tarefa assustadora, que exige sabedoria, imaginação, paciência e grandes doses de amor.

Muitos pais ficam confusos quanto ao "melhor" caminho para educar os filhos. Não confiam em si mesmos e estão prontos para ouvir o especialista do momento. No entanto, até os especialistas apresentam teorias conflitantes e oferecem conselhos contraditórios. Isso tem gerado muitas divergências a respeito dos padrões de disciplina nas famílias. Em razão disso, os padrões de disciplina variam muito. Se você quiser ler mais sobre esse assunto, veja a seção *Leitura adicional*, ao final deste livro.

Antes da disciplina

O amor se preocupa com os interesses dos outros; a disciplina também. Portanto, ela é com certeza uma atitude amorosa. Quanto mais a criança se sentir amada, mais fácil será discipliná-la, porque ela precisa se identificar com os pais a fim de aceitar a orientação deles sem ressentimento, sem hostilidade e sem comportamento obstrutivo e passivo-agressivo. Isso significa que precisamos manter cheio o tanque de amor da criança antes de aplicar-lhe a disciplina.

Se a criança não se identificar com os pais, ela considerará cada pedido ou ordem como uma imposição e se ressentirá disso. Em casos extremos, passará a ponderar no pedido do pai com um ressentimento tão grande que sua reação diante dele — e diante de todo tipo de autoridade — será sempre fazer exatamente o oposto do que foi solicitado.

Michael tem 10 anos. Seu pai, Paul, é advogado e trabalha por longas horas. Nos fins de semana, ele corta a grama e executa outros serviços domésticos. De vez em quando, assiste a um jogo de futebol no sábado e quase sempre passa o tempo trabalhando em seu escritório em casa. Michael não o vê muito. A principal linguagem do amor de Michael é tempo de qualidade e, por isso, ele não se sente muito amado pelo pai. Quando o fim de semana se aproxima, Paul está física e emocionalmente cansado — sem disposição para aturar brincadeiras de criança. Sua disciplina é quase sempre acompanhada de palavras ásperas proferidas em tom de raiva. Ele acha que essa é a disciplina de que seu filho necessita para vir a ser um rapaz responsável. No entanto, a realidade é que Michael se ressente profundamente da disciplina e sente medo do pai. Tem pouco desejo de obedecer aos desejos dele e passa a maior parte do tempo evitando sua companhia.

Mesmo um observador casual é capaz de ver a relação que existe entre a aparente falta de amor de Paul e a falta de respeito de Michael. As palavras ásperas do pai e o tom de raiva em sua voz poderiam ser tolerados por um filho que sentisse segurança no amor paterno, mas, quando o tanque de amor está vazio, como no caso de Michael, essa disciplina produz raiva e amargura em vez de responsabilidade.

Se Michael sentisse segurança no amor do pai, saberia que a disciplina que recebe é, pelo menos na cabeça do pai, para seu próprio bem. Porém, como não se sente amado, ele considera a disciplina uma atitude de egoísmo. Michael se vê cada vez mais como um aborrecimento para o pai, e isso afeta seriamente sua autoestima.

Por certo, é muito importante que você ame seu filho de forma incondicional, e poderá fazer isso com maior eficiência se conhecer e falar todas as linguagens do amor. Toda criança precisa desse amor incondicional para manter cheio o tanque emocional. Então, você será capaz de discipliná-la e obter os melhores resultados possíveis. Tenham prioridades, prezados pais. Pratiquem o amor incondicional; depois disciplinem.

Pratiquem o amor incondicional; depois disciplinem.

Como a criança ama?

Antes de estar capacitados para disciplinar eficazmente uma criança em amor, precisamos fazer duas perguntas:

1. Como a criança ama?
2. De que meu filho precisa quando se comporta mal?

E então, como a criança ama? De forma imatura. Em contraste, os adultos procuram amar de maneira incondicional. Falhamos com frequência e caímos naquilo que se chama amor recíproco. Por exemplo, Ryan sente profundo afeto por Rose, e deseja que ela se apaixone por ele. Querendo fazer o melhor, ele tenta ser agradável, calmo, útil, gentil, respeitoso e atencioso com ela. Como não tem certeza do amor de Rose, ele tenta evitar comportamento imaturo e empenha-se em ganhar seu amor. Esse processo racional para obter amor chama-se amor recíproco, porque Ryan faz o possível para receber o amor de Rose em troca.

No entanto, a criança não ama de maneira recíproca ou incondicional. Por ser imatura, ela ama de forma egoísta. Instintivamente, sabe que necessita sentir-se amada — isto é, ter o tanque de amor abastecido. Mas ela não sabe que o tanque de amor de seus pais também precisa ser suprido. Sua preocupação única e verdadeira é com a condição do próprio tanque de amor. Quando o nível está baixo ou vazio, ela é compelida a perguntar freneticamente: "Você me ama?". A resposta dos pais será muito importante para determinar o comportamento dela, uma vez que a causa principal do mau comportamento é um tanque emocional vazio.

Alguns pais pensam que a criança deve tentar conseguir o amor e afeição deles por meio de bom comportamento, mas isso não é possível. Por natureza, ela usa o comportamento para testar o nosso amor. Quando a criança pergunta: "Você me ama?", se respondermos: "Sim, eu amo você" e abastecermos seu tanque de amor, eliminaremos a pressão e sua necessidade de continuar a validar o que sentimos. Será mais fácil também controlar seu comportamento. No entanto, se cairmos na armadilha de pensar que o filho deve "conquistar" nosso amor mediante bom comportamento, viveremos continuamente frustrados. Também veremos nosso filho como uma criança má, desrespeitosa e insensível quando, na verdade, ela precisa ter a certeza de que a amamos.

Quando a criança se comporta mal

Há pais que desaprovam a atitude da criança que usa o próprio comportamento para perguntar "Você me ama?". Se ela se sentir ansiosa demais por amor, seu comportamento será inadequado. Nada torna uma criança mais ansiosa do que falta de amor. No entanto, não faz sentido exigir bons modos sem antes ter certeza de que a criança se sente amada.

A segunda pergunta que precisamos fazer a fim de disciplinar com amor é: "De que meu filho necessita quando se comporta mal?". Em vez disso, quando a criança se mostra indisciplinada, muitos pais perguntam: "O que posso fazer para corrigir esse comportamento?". Se fizerem essa pergunta, a resposta lógica será: "Castigo". É por isso que o castigo é utilizado com tanto excesso. Ao contrário, os pais deveriam escolher uma forma mais adequada de educar os filhos. Se utilizarmos o castigo em primeiro lugar, mais tarde não saberemos analisar com facilidade as reais necessidades da criança. Ela não se sentirá amada se lidarmos dessa maneira com seu mau comportamento.

Quando, porém, perguntamos "De que este filho necessita?", podemos prosseguir racionalmente e decidir o caminho apropriado. A criança que se comporta mal tem uma necessidade. Deixar de ver o que há por trás do mau comportamento pode nos impedir de tomar a atitude certa. Perguntar a nós mesmos "O que posso fazer para corrigir o comportamento do meu filho?" quase sempre nos leva a pensar em castigo. Perguntar "De que meu filho necessita?" nos dá a confiança de que lidaremos bem com a situação.

Por que a criança se comporta mal: tanque de amor vazio

Quando seu filho se comporta mal e você se pergunta "De que meu filho necessita?", a pergunta seguinte deveria ser: "Seu tanque de amor precisa ser abastecido?". É muito mais fácil disciplinar uma criança se ela se sentir amada de verdade, principalmente se a causa do mau comportamento for tanque de amor vazio. Nessas ocasiões, você precisa manter as linguagens do amor em mente, em especial o toque físico e o tempo de qualidade, aliados ao contato visual.

Quando a criança se comporta mal de propósito, o que ela faz não deve ser tolerado. No entanto, se lidarmos com a situação de forma equivocada, sendo muito rigorosos ou muito permissivos, teremos problemas no futuro, e todos piorarão com o passar do tempo. Sim, precisamos disciplinar a criança para que se comporte bem, mas o castigo não é o primeiro passo nesse processo.

As crianças mais novas não são sutis ao solicitar nosso amor. Elas gritam e quase sempre agem de modo inadequado aos olhos de um adulto. Quando percebermos que, na realidade, estão suplicando que passemos um pouco de tempo ao seu lado, que as seguremos com carinho e nos entreguemos inteiramente a elas, lembraremos que são apenas crianças e que temos a preciosa responsabilidade de abastecer seu tanque de amor em primeiro lugar, para depois educá-las a fim de que sigam em frente.

Por que a criança se comporta mal: problemas físicos

E o que fazer quando a causa do mau comportamento não é o tanque de amor vazio?

Depois de se perguntar "De que meu filho necessita?" e concluir que o tanque de amor da criança não está vazio, faça outra pergunta: "O motivo é algum problema físico?". A segunda causa mais comum do mau comportamento é a existência de um problema físico e, quanto mais nova for a criança, mais sua conduta será afetada por esse problema. "Meu filho sente dor? Está com fome ou com sede? Cansado? Doente?" O mau comportamento não pode ser tolerado, mesmo se a causa for um problema físico. Entretanto, a indisciplina pode ser rapidamente atenuada se sua origem for física.

O remorso do filho, o perdão dos pais

Digamos que você conclua que o mau comportamento de seu filho não resulta de problemas físicos. Qual é a pergunta seguinte? "Meu filho lamenta o que fez?" Quando a criança lamenta verdadeiramente o que fez, não há necessidade de mais nada. Ela aprendeu e se arrependeu; nesse caso, o castigo poderia ser destrutivo. Se seu filho está arrependido de verdade e demonstra remorso genuíno, alegre-se. Significa que a consciência dele está viva e bem.

O que controla o comportamento de um filho (ou de um adulto) quando nada o obriga a agir adequadamente? Resposta correta: uma consciência saudável. E qual é a matéria-prima da qual uma consciência normal é formada? Culpa. É necessário um pouco de culpa para o desenvolvimento de uma consciência saudável. E o que elimina a culpa, deixando a consciência limpa? Você adivinhou: castigo, principalmente o físico. No entanto, quando castiga a criança depois que ela já se sentiu culpada por seu comportamento, você está impedindo que ela desenvolva uma boa consciência. Em tal situação, em geral o castigo produz apenas raiva e ressentimento.

Quando seu filho se mostrar verdadeiramente arrependido do mau comportamento, perdoe-lhe em vez de castigá-lo. Com seu exemplo, você estará ensinando lindas lições sobre o perdão, algo que ele levará para a vida adulta. Ao receber o perdão dos pais, a criança aprende a perdoar a si mesma e, mais tarde, perdoar aos outros. Que belo dom é esse! Você já viu uma criança realmente arrependida do mal que praticou e que recebeu o perdão do pai? Essa é uma experiência rara e inesquecível. O amor que flui do coração da criança é emocionante.

A outra maneira de ensinar seu filho a perdoar é pedir perdão quando você agir de forma errada com ele. Faça isso de vez em quando, mas não com muita frequência. Se você se exceder nesse ponto, estará prejudicando seu filho, e ele não aprenderá com os próprios erros.

Cinco maneiras de controlar o comportamento de seu filho

Como pais, somos responsáveis por grande parte do que acontece com nossos filhos, quase sempre mais do que gostaríamos de admitir. Podemos aprender maneiras de ajudá-los a evitar a má conduta e, por consequência, os castigos. Apresentamos cinco métodos que você poderá usar para controlar o comportamento de seu filho com eficiência. Dois são positivos, dois são negativos, e um é neutro. Ao ler esta seção, pense nos métodos que já utilizou com eles; talvez queira mudar de método ou incluir outro.

1. Pedir

Pedir é um meio muito importante e positivo de controlar o comportamento. Traz grandes benefícios tanto para os pais quanto para os filhos. Os pedidos são agradáveis às crianças e ajudam a acalmar a ira que pode vir à tona em consequência das ordens dos pais. E, para estes, é muito mais fácil ser gentis ao pedir, permanecendo, portanto, "agradáveis, porém firmes".

Ao pedir, você envia três mensagens não verbais ao seu filho. A primeira é a de que leva em consideração o que ele sente, pois diz: "Respeito o fato de você ter sentimentos, principalmente quanto a esse assunto". A segunda mensagem não verbal é o fato de você reconhecer que seu filho tem cérebro e é capaz de formar opiniões: "Respeito a sua opinião sobre isso".

A terceira mensagem é a melhor de todas. Os pedidos dizem a seu filho que você espera que ele se responsabilize pelo próprio comportamento. Hoje em dia, há uma falta muito grande dessa responsabilidade. Seu filho aprende a ser responsável quando você lhe dá chances para tanto. Ao pedir, você o guia e o encoraja a assumir responsabilidade.

A criança educada nesse contexto sente que trabalha em parceria com os pais no processo de desenvolvimento de seu caráter. Esse tipo de educação não é permissivo. O pai não está abrindo mão da autoridade ou do respeito. Na verdade, a criança respeitará muito mais os pais porque sentirá que eles não estão simplesmente lhe dizendo o que fazer, mas, acima de tudo, demonstrando interesse no que é melhor para ela.

Os pedidos são também a melhor maneira de dar instruções. Pelo fato de serem mais agradáveis, mais atenciosos e mais ponderados que as ordens, você poderá usá-los para instruir seu filho quase sempre. Nenhum outro método permite isso.

2. Dar ordens

Às vezes, é necessário e adequado dar ordens. Os pedidos funcionam muito mais quando temos uma escolha, mas as ordens são necessárias quando os pedidos falham. Temos, então, de ser mais enérgicos. As ordens são meios negativos de controle porque exigem tons de voz mais fortes que os pedidos, bem como inflexão de voz decrescente no final da frase. Essa mistura quase sempre provoca irritação, raiva e ressentimento na criança, principalmente se for usada com frequência. As mensagens não verbais que acompanham as ordens também são, em geral, negativas. Você está dizendo a uma criança o que ela deve fazer, sem dar-lhe oportunidade de opinar ou discutir; portanto, está transmitindo a mensagem de que os sentimentos e as opiniões dela não são importantes. Acima de tudo, está assumindo toda a responsabilidade e dizendo basicamente: "Não quero saber quais são os seus sentimentos e opiniões a respeito desse assunto. Não espero que você assuma responsabilidade por seu comportamento. Espero apenas que faça o que estou mandando".

Quanto mais usar técnicas autoritárias, como ordens, repreensões, irritações ou gritos, menos eficiente você será. Porém, se usualmente você fizer pedidos agradáveis, as ordens dadas de vez em quando surtirão mais efeito.

Como pai ou mãe, você tem um limite de autoridade. Se desperdiçá-la sendo negativo, sobrará muito pouco para os tempos difíceis e críticos. *Ser agradável, porém firme, não apenas conserva sua autoridade, mas também a fortalece, porque possibilita que você conquiste não só o respeito e o amor de seus filhos, como também a gratidão.*

As crianças são ótimas observadoras. Veem e ouvem quando os outros pais lançam mão de disciplina desagradável, autoritária e irada com os filhos. Você não imagina quanto elas o apreciam e são gratas por tê-lo como pai quando são tratadas com bondade, mas também com firmeza!

3. Oferecer toque físico carinhoso

O toque físico carinhoso é capaz de conduzir a criança na direção certa. Esse é um método eficaz para crianças que, em geral, fazem coisas que não são necessariamente erradas, mas que desagradam aos pais. Por exemplo, o hábito das crianças de 2 anos de responder com uma negativa pode ser confundido com rebeldia. "Não", Henry diz, mas em seguida faz o que você lhe pediu. Às vezes, há uma demora entre a resposta dele e o atendimento ao seu pedido. Isso pode lhe parecer rebeldia, mas não é. A resposta negativa das crianças de 2 anos é uma fase normal de seu desenvolvimento, uma forma de começar a se separar psicologicamente da mãe ou do pai.

Essa simples capacidade de dizer "não" é importante. Quando castiga uma criança pequena por isso, você a magoa e também interfere diretamente em seu desenvolvimento. Por favor, tenha cuidado para não confundir respostas negativas com rebeldia. São comportamentos completamente distintos.

Digamos que você queira que sua filha de 3 anos se aproxime de você. Começa, então, com um pedido: "Venha aqui, querida, venha". A criança responde: "Não". Você parte para uma ordem: "Venha aqui já!". Ela responde de novo: "Não". A essa altura, você está realmente tentado a castigá-la, mas deve resistir. Em vez de correr o grande risco de magoar sua filha, que tal conduzi-la carinhosamente para o lugar que você tem em mente? Se ela resistir, você saberá que se trata de rebeldia e poderá tomar a atitude adequada. Mas, na maioria dos casos, você descobrirá que a criança não estava sendo rebelde. Estava apenas dizendo "não". E você a terá magoado desnecessariamente.

Quase sempre as respostas negativas começam quando as crianças têm 2 anos, mas é possível encontrar exemplos em praticamente qualquer idade. Se não souber ao certo como lidar com a situação, tente um toque físico carinhoso. Esse método é particularmente útil quando a criança pequena faz travessuras em lugares públicos. Em vez de ceder à frustração, os pais poderão simplesmente afastá-la do local.

4. Castigar

O castigo é o método mais negativo e também o que torna mais difícil o controle da criança. Primeiro, o castigo precisa adequar-se ao tipo de falta cometida, porque as crianças têm muita consciência do senso de justiça. Sabem quando o castigo é muito brando ou muito rigoroso. Também detectam incoerência nas atitudes dos pais em relação às outras crianças da família.

Segundo, o castigo pode não ser adequado àquela criança em particular. Mandá-la para o quarto, por exemplo, talvez seja muito doloroso para uma criança e um divertimento para outra. Terceiro, o castigo se apresenta de maneiras variadas, uma vez que os pais costumam confiar nos próprios sentimentos quando decidem aplicar a punição. Se tudo vai bem e eles estão confortáveis, a tendência é que o castigo seja mais brando. Nos dias problemáticos, quando estão de mau humor, o castigo é mais rigoroso.

Por mais difícil que seja decidir quando e como castigar, você precisa estar preparado para fazê-lo corretamente. Para facilitar, reflita com antecedência, a fim de evitar a "armadilha do castigo". Sente-se com seu cônjuge ou um amigo íntimo para decidir os castigos apropriados para as diversas faltas. Esse planejamento manterá a ira sob controle quando seu filho fizer algo que o aborreça.

Em caso de má conduta, se você for rápido em fazer a si mesmo as perguntas sugeridas anteriormente e receber reações negativas a todas elas (inclusive o "não" de uma criança de 2 anos), questione-se: "Meu filho está sendo rebelde?". Rebeldia é resistir e desafiar abertamente a autoridade dos pais.

A rebeldia não pode ser tolerada, claro, e o comportamento tem de ser corrigido. Porém, a rebeldia de uma criança não significa que o castigo é o meio mais indicado para resolvê-la. Evite a armadilha do castigo. Se um pedido for suficiente para interromper a atitude rebelde — e isso acontece com frequência —, ótimo. Se um toque físico carinhoso ou uma ordem for a reação apropriada, muito bom. Se o castigo for indicado, aplique-o com cuidado.

Finalmente, não utilize o castigo como principal meio de disciplinar seu filho pequeno ou adolescente, para não provocar grandes doses de ira desnecessárias. Também não force seu filho a "engolir" a raiva; ele poderá desenvolver atitudes e comportamentos passivo-agressivos, tentando voltar-se indiretamente contra você. (Analisaremos o comportamento passivo-agressivo no capítulo 10.)

5. Mudar o comportamento

A mudança de comportamento também controla a conduta da criança. Esse método utiliza reforço positivo (colocando um elemento positivo no ambiente da criança), reforço negativo (retirando um elemento positivo do ambiente da criança) e castigo (colocando um elemento negativo no ambiente da criança). Um exemplo de reforço positivo é recompensar a criança por um comportamento adequado, oferecendo-lhe um doce ou uma fruta. Um reforço negativo poderia ser o de retirar seu privilégio de ver televisão por causa de atitudes reprováveis. Um exemplo de castigo (às vezes chamado de *técnica aversiva*) seria mandar a criança para o quarto.

A modificação de comportamento é útil algumas vezes, principalmente para problemas de comportamento específicos e repetitivos pelos quais a criança não demonstra nenhum remorso. Acreditamos, no entanto, que esse método deve ser usado esporadicamente. Se os pais abusarem da mudança de comportamento, os filhos não se sentirão amados. O primeiro motivo para isso é que o princípio fundamental da mudança de comportamento é condicional, isto é, a criança recebe uma recompensa somente se ela se comportar de determinada maneira. Segundo, a mudança comportamental não lida com os sentimentos nem com as necessidades emocionais da criança; além disso, não transmite amor incondicional. Se os pais controlarem as atitudes do filho tentando primeiramente modificá-lo, ele desenvolverá um sistema de valores distorcido no qual fará as coisas apenas para receber recompensa. A atitude seguinte será: "Que vantagem eu levo?".

A mudança de comportamento também ensina as crianças a usar o mesmo método com os pais. Para receber tudo que querem, fazem tudo que os pais desejam. Isso leva à manipulação.

Dadas todas as cautelas implicadas nesse método, você deve estar surpreso com nossa sugestão de usá-lo. Ressaltamos: ele pode ajudar nos problemas de comportamento específicos e repetitivos de uma criança rebelde. No entanto, trabalhar com um sistema de recompensas exige tempo, coerência, esforço e persistência.

Amor: antes e depois do castigo

A disciplina é mais eficiente quando ocorre no contexto do amor. É um ato de sabedoria dar à criança uma expressão consciente de amor antes e depois do castigo. Temos notado que o meio mais eficaz de comunicar amor é usar a principal linguagem do amor da criança; por isso, utilize-a sempre que precisar corrigir ou castigar seu filho.

Larry é engenheiro eletricista, e sua personalidade é, por natureza, bastante rígida. Nos primeiros anos após ser pai, ele tinha a tendência de ser severo e muito frio ao disciplinar os filhos. Depois de aprender as cinco linguagens do amor, concluiu que a principal linguagem de seu filho era o toque físico. Larry nos conta como aplicou essa linguagem na disciplina do garoto.

"Kevin havia quebrado a vidraça do vizinho enquanto jogava beisebol no quintal. Ele sabia que não era permitido jogar beisebol ali — o parque ficava apenas a um quarteirão e era o lugar apropriado para a atividade. Havíamos conversado em várias ocasiões sobre os perigos de jogar bola no quintal. Quando nosso vizinho viu Kevin arremessar a bola que quebrou a vidraça, ele chamou minha esposa para contar o fato.

"Depois que cheguei em casa, entrei calmamente no quarto de Kevin e o encontrei trabalhando no computador. Aproximei-me dele e comecei a massagear seus ombros. Depois de cerca de um minuto, ele parou de trabalhar e deu-me atenção. Eu lhe disse: 'Levante-se. Quero lhe dar um abraço'. Passei os braços em volta dele e prossegui: 'Tenho de tomar uma atitude muito difícil e quero que saiba que o amo mais que tudo'.

"Continuei abraçado a ele por um longo minuto. A proximidade com meu filho foi agradável. Então, soltei-o e disse: 'Sua mãe me ligou hoje para contar o que aconteceu com a vidraça do sr. Scott. Sei que foi um acidente, mas você sabia muito bem que lhe demos uma ordem para não jogar beisebol no quintal. Por isso, tenho de discipliná-lo por ter desobedecido a essa ordem. Eu me sinto mal por ter de fazer isso, mas é para o seu bem. Você não poderá jogar beisebol nas próximas duas semanas. E terá de usar o seu dinheiro para pagar o conserto da vidraça da família Scott. Vamos ligar para o vidraceiro para saber quanto vai custar'.

"Em seguida, abracei-o de novo. Sei que ele sentiu minhas lágrimas rolando por sua nuca. 'Amo você, cara', eu disse. E ele respondeu: 'Também amo você, pai'. Saí do quarto sabendo que havia agido corretamente. Foi muito melhor ter reafirmado meu amor por ele antes e depois da disciplina. Por saber que a principal linguagem do amor de meu filho era o toque físico, senti que a disciplina foi recebida de modo positivo. Lembro-me bem das vezes anteriores, em que o disciplinei com raiva e lhe disse palavras duras e amargas; algumas vezes, cheguei a agredi-lo no auge da raiva. Agradeço a Deus porque agora conheço uma forma melhor de corrigi-lo."

Se a principal linguagem do amor de Kevin fossem palavras de afirmação, o encontro de Larry com ele talvez tivesse sido mais ou menos assim:

"Kevin, preciso conversar um pouco com você. Quero que saiba que o amo muito e aprecio seu esforço para tirar notas boas na escola. Sei que, quando chega em casa, você quer relaxar; também sei que gosta de jogar beisebol. Você costuma obedecer às regras da família, e gosto muito disso. É raro eu ter de discipliná-lo. O que estou tentando dizer é que precisamos conversar sobre um incidente isolado e que, felizmente, não faz parte de seu comportamento.

"Você deve saber que o sr. Scott ligou para sua mãe esta tarde e contou que o viu arremessar aquela bola que quebrou a vidraça dele. Apesar de ter sido um acidente, você conhece a regra a respeito de jogar beisebol no quintal. É difícil para mim, mas vou ter de discipliná-lo por causa de sua desobediência. Você não poderá jogar beisebol durante duas semanas. E terá de usar o seu dinheiro para pagar o conserto da vidraça da família Scott. Vou ligar para o vidraceiro para saber quanto vai custar.

"Você entendeu que não estou zangado com você? Sei que não quebrou a vidraça de propósito e que nem pensou nisso quando começou a jogar bola no quintal. Eu te amo muito e me orgulho de você. Sei que aprenderá uma boa lição com essa experiência."

A conversa poderia ter terminado com um abraço, mas a principal expressão de amor está nas palavras de afirmação proferidas antes e depois da disciplina.

Usar a principal linguagem do amor de seu filho não significa que você não possa usar também as outras linguagens; significa que está transmitindo a ele a mais eficaz expressão de amor que pode transmitir, tanto antes quanto depois da disciplina. Por saber que isso demonstra amor ao seu filho, você será muito mais cuidadoso quanto ao tipo de disciplina a ser aplicada e quanto à maneira como vai agir.

Respeitando a linguagem do amor de seu filho

Entender a principal linguagem do amor de seu filho o ajudará a escolher o melhor método de disciplina. Na maioria dos casos, evite usar uma forma de disciplina diretamente ligada à principal linguagem do amor de seu filho, que deve ser respeitada. Não a escolha como método de disciplina. Tal conduta não surtirá o efeito desejado e, na verdade, poderá causar dor emocional extrema. A mensagem que seu filho receberá não será a de uma correção amorosa, mas de uma dolorosa rejeição.

Por exemplo, se palavras de afirmação forem a linguagem do amor de seu filho e você usar palavras de condenação como forma de disciplina, elas comunicarão não apenas que você está insatisfeito com um determinado comportamento, mas também que não ama seu filho. As críticas negativas são dolorosas para todas as crianças, mas, para as que privilegiam as palavras de afirmação, são emocionalmente devastadoras.

Ben, 16 anos, contou-nos que seu pai não o amava e citou o modo como este o disciplinava, o que incluía voz alterada e palavras ferinas: "Se faço alguma coisa que ele acha errado, seus gritos duram horas. Lembro-me do dia em que ele me disse que não tinha certeza se eu era seu filho porque não acreditava que um filho seu pudesse fazer uma coisa tão terrível. Não sei se sou mesmo filho dele, mas sei que ele não me ama".

No decorrer da conversa, ficou claro que a principal linguagem do amor de Ben eram palavras de afirmação. Ao usar palavras para mostrar insatisfação com o comportamento do filho, o pai destruiu no adolescente a sensação de ser amado.

Tome cuidado. Se a principal linguagem do amor de seu filho for tempo de qualidade, não queira discipliná-lo com isolamento, mandando-o para o quarto cada vez que ele se comportar mal. Se for toque físico, não o discipline evitando abraçá-lo. Lembramo-nos de Carlos, um menino de 10 anos cuja principal linguagem do amor é toque físico. Ele costuma chegar por trás da mãe e passar os braços ao redor dela ou acariciar-lhe os ombros. A mãe também gosta de toque físico e quase sempre transmite amor a Carlos por meio dessa linguagem. Mas Joe, o pai, foi criado num lar no qual o método usual de disciplina eram surras; consequentemente, esse é seu principal método de corrigir Carlos quando este lhe desobedece.

> Se a principal linguagem do amor de seu filho for tempo de qualidade, não queira discipliná-lo com isolamento.

Os castigos físicos não são abusivos, porque não machucam nem deixam vergões na pele de Carlos. No entanto, quando Carlos leva uma surra do pai, chora por três horas seguidas. O pai não entende que está escolhendo a principal linguagem do amor do filho — toque físico — e usando-a de forma negativa. Consequentemente, Carlos se sente punido e não amado. O pai nunca o abraça após uma surra, porque, em seu entendimento quanto à disciplina, isso lhe parece incoerente.

Joe é sincero em seus esforços para corrigir o filho; porém, não reconhece a grande distância emocional em que vem se colocando em relação a Carlos. Como pais, precisamos lembrar constantemente que o propósito da disciplina é corrigir o comportamento errado e ajudar a criança a desenvolver autodisciplina. Se não aplicarmos o conceito da linguagem do amor em nossos esforços para corrigir o mau comportamento, poderemos destruir a sensação que a criança tem de ser amada. Entender a principal linguagem do amor de seu filho tornará a disciplina muito mais eficiente.

9

O aprendizado e as linguagens do amor

Os pais são os primeiros professores dos filhos, e os mais importantes. Os pesquisadores já concordam que o melhor período para estimular as habilidades básicas do aprendizado de uma criança é antes dos 6 anos. O dr. Burton White, famoso pioneiro nas pesquisas de aprendizado e fundador do Projeto Pré-Escola, da Universidade de Harvard, diz: "Aparentemente, uma experiência educacional de primeira linha durante os três primeiros anos de vida é fundamental para que a pessoa desenvolva todo o seu potencial".[1] Além disso, sociólogos e educadores, convencidos de que esse estímulo aos pequeninos pode incentivar habilidades de aprendizado, criaram programas como o Head Start, designado a ajudar crianças com deficiência durante o período pré-escolar.

Sim, como pais, somos os principais professores. E uma de nossas principais ferramentas de ensino é a disciplina correta, aplicada com amor.

No capítulo 8, analisamos a disciplina como orientação para a maturidade. Agora, vamos analisar o outro lado da ideia clássica de disciplina: o ensino que fornecemos a nossos filhos. A disciplina verdadeira ajuda a desenvolver as habilidades intelectuais e sociais da criança que lhe serão úteis a vida inteira.

Observada nos últimos anos, a crescente conscientização acerca da importância do aprendizado nos primeiros anos da criança ressalta o papel crucial dos pais no desenvolvimento da inteligência dos filhos. Isso não significa que você deva ministrar lições formais ao filho pequeno. No entanto, deve tentar entender a inclinação inata de seu filho para aprender; com esse aprendizado, ele passará a explorar e a satisfazer a natural demanda de seu jovem cérebro por estímulos sensoriais e experiências agradáveis de aprendizado.

Ao observar a principal ocupação do filho, ou seja, brincar, muitos pais pensam que o ensino pode ser deixado para o primeiro ano da escola. Mas as crianças pequenas adoram aprender. Elas já nascem com uma sede de aprendizado, e isso permanece forte até mais tarde, a não ser que os adultos as aborreçam, as espanquem e as desestimulem, ou as ensinem a livrar-se desse anseio. Uma observação cuidadosa dos bebês e das crianças pequenas revela que a maioria de suas atividades não é uma simples brincadeira. Ao contrário, os pequeninos estão sempre se esforçando para aprender uma habilidade: dar cambalhotas, engatinhar, levantar-se do chão e andar ou, então, tocar, sentir e provar o mundo em torno deles.

Assim que aprendem a falar, a mente deles se enche de perguntas; crianças de 3 e 4 anos fazem dezenas de perguntas todos os dias. Quando chegam à idade da imitação e fingem ser adultas, raramente imitam brincadeiras de adultos. Ao contrário, imitam os adultos no trabalho: ensinando, dirigindo um caminhão, sendo médico ou enfermeira, cuidando de bebês, trabalhando como "empresário" e assim por diante. Se você observar as atividades de seu filho por apenas um dia e perguntar "O que parece deixá-lo mais feliz? O que prende a atenção dele por mais tempo?", provavelmente descobrirá que se trata de uma atividade que ele está aprendendo.

O segredo para ensinar seu filho: você

As crianças descobrem a vida por meio dos cinco sentidos. Um ambiente doméstico rico em estímulos de visão, audição, tato, paladar e olfato alimentará a propensão que elas têm para descobrir e aprender. O desenvolvimento da linguagem depende em grande parte dos estímulos verbais que elas recebem dos adultos nos primeiros anos de vida. Portanto, conversar com seus filhos e encorajá-los a pronunciar palavras cooperam com o desejo natural que eles têm de aprender. Aplaudir seus esforços para pronunciar as palavras e dar-lhes a orientação correta fazem parte do processo. Nesse ambiente de riqueza verbal, o vocabulário das crianças aumenta e a capacidade de formar sentenças se desenvolve. Mais tarde, elas aprendem a utilizar essa habilidade para expressar emoções, pensamentos e desejos.

Aquilo que se aplica ao desenvolvimento verbal aplica-se também a todas as áreas do crescimento intelectual. Se o lar não fornecer esse tipo de estímulo intelectual básico, provavelmente a criança terá dificuldade de aprender nos anos seguintes, e a previsão para seu desenvolvimento educacional será desfavorável. Os programas escolares oferecem apenas uma pequena compensação para os ambientes domésticos pouco estimuladores.

Um ambiente de apoio e boas atitudes ajudarão nossos filhos a aprender em casa. As crianças são mais emocionais que cognitivas — isto é, lembram-se muito mais de sentimentos que de fatos. Isso significa que seus filhos se lembram com mais facilidade de como se sentiram em determinada situação do que dos detalhes do evento. Por exemplo, a criança que ouviu uma história se lembrará exatamente de como se sentiu tempos depois de ter esquecido a própria história.

Sua filha talvez se esqueça dos detalhes, mas se lembrará da professora. Ao ensiná-la, você deve tratá-la com respeito, bondade e consideração. Deve fazê-la sentir-se bem consigo mesma; também deve assegurar-lhe que nunca a criticará ou a humilhará. Quando o ensino é cansativo ou humilhante, é provável que a criança rejeite até mesmo a melhor lição, principalmente se moralidade ou ética estiverem envolvidas. Se você respeitar seu filho, ele respeitará você e seu ponto de vista.

Você é o segredo para ensinar seu filho, desde a infância até os anos de ensino formal. O aprendizado é uma façanha complexa e influenciada por muitos fatores. Um dos mais fortes é seu total envolvimento.

Como as linguagens do amor auxiliam o aprendizado

O fato mais importante que precisamos aprender sobre a capacidade de aprendizado de uma criança é este: para ser capaz de aprender bem em qualquer idade, ela precisa estar no nível de amadurecimento emocional apropriado para aquela faixa etária. À medida que a criança se desenvolve, sua capacidade de aprender aumenta em razão de vários fatores, sendo a maturidade emocional o mais importante deles. E os pais exercem a maior influência no crescimento emocional do filho.

Não estamos dizendo que todos os problemas de aprendizado são causados por erros dos pais, uma vez que muitas variáveis podem afetar a capacidade de aprendizado. No entanto, o desenvolvimento emocional pode fazer enorme diferença no processo e na rapidez do aprendizado da criança, e é nesse ponto que os pais mais podem ajudar. Podemos alimentar a bomba de ensino de nosso filho e abastecer continuamente seu tanque emocional.

Ao falar constantemente as cinco linguagens do amor — toque físico, palavras de afirmação, tempo de qualidade, presentes e atos de serviço —, você proporciona grande estímulo intelectual ao seu filho. Nos primeiros anos de vida dele, quando ainda não conhece sua principal linguagem do amor, você utiliza todas elas regularmente. Ao fazer isso, você não apenas supre as necessidades emocionais de seu filho, como também lhe proporciona os estímulos físicos e intelectuais necessários para o desenvolvimento de seus interesses em evolução. Embora enfatize o amor, você também está ensinando e educando seu filho.

Os pais que não investem tempo para falar as cinco linguagens do amor, mas simplesmente buscam suprir as necessidades físicas do filho, estão negligenciando o desenvolvimento intelectual e social dele. A criança carente do amor e da aceitação dos pais terá pouca motivação para enfrentar os desafios de aprender nos primeiros anos de vida ou mais tarde na escola.

Muitos pais não percebem que o filho pode ficar em condição de desvantagem emocional, e é bem possível que ele nunca recupere o que perdeu. Que tragédia! A maturidade emocional da criança exerce influência em tudo o mais: autoestima, segurança emocional, capacidade de lidar com estresse e mudanças, habilidades de socialização e capacidade de aprender.

> Muitos pais não percebem que o filho pode ficar em condição de desvantagem emocional.

Talvez não exista nenhuma situação na qual a relação entre o amor e o aprendizado seja demonstrada com mais clareza do que na separação dos pais. Esse afastamento traumático provoca uma ruptura no tanque emocional da criança e drena seu interesse pelo aprendizado. Em lugar do amor, a criança quase sempre sente confusão e medo, e nenhum desses dois é boa companhia para o aprendizado. Em geral, o filho de pais divorciados mostra menos interesse escolar durante vários meses enquanto não volta a perceber em seu mundo um pouco de segurança e certeza do amor dos pais. Infelizmente, algumas crianças nunca se recuperam por completo.

Como pais, exercemos a maior influência na vida de uma criança. Se você é o único responsável pela criação de seu filho, pratique a linguagem dele para restaurar o senso de segurança de que ele necessita. (Um ex-cônjuge que coopere nessa tarefa será de grande ajuda.) Ao abastecer o tanque de amor de seu filho, você o capacita a alcançar cada nível de sucesso emocional subsequente, preparando-o para passar para a próxima fase do aprendizado.

"Mães-tigres" e outras

Estudos mostram com regularidade que a participação dos pais na educação ajuda os filhos a ter sucesso na escola. Recentemente, livros como *Grito de guerra da mãe-tigre*, de Amy Chua,[2] têm enfocado as atitudes extremas a que alguns pais recorrem para assegurar que os filhos sejam bem-sucedidos nos estudo; tais obras provocam debates sobre até que ponto os pais devem se envolver nesse sentido. Numa época em que existe intensa atenção à competitividade no mercado global, os pais sentem-se inquietos a respeito do papel que exercem e, às vezes, exageram no intuito de colaborar para o sucesso dos filhos. Ao mesmo tempo, jovens que crescem em ambientes menos privilegiados estão ficando cada vez mais para trás.

Quase sempre, a peça faltante nesses ambientes é a presença do pai. Pesquisas demonstram invariavelmente que a maior atenção do pai resulta em comportamentos menos rebeldes e em educação de mais alto nível para os filhos. E, embora os filhos levem a culpa por comportamento rebelde, geralmente é o pai que age com rebeldia em relação às crianças.

No entanto, não importa se você está no primeiro casamento, se já recasou ou se é o único responsável pela educação dos filhos. Por ser um pai ou mãe preocupado em dar aos filhos o amor de que eles necessitam, você deve querer passar o tempo que for necessário para encher o tanque emocional deles com as cinco linguagens do amor. Você é o elemento essencial para que seu filho tenha capacidade de aprender e ser bem-sucedido de todas as formas. E ainda há a grande vantagem sobre os outros membros da família: você conhece e entende seus filhos e dispõe do ambiente doméstico no qual é capaz de suprir as demandas deles.

Se seu filho for ansioso

A criança bem-sucedida emocionalmente tem a concentração, a motivação e a energia necessárias para usar suas habilidades ao máximo. Em contraste, se ela viver angustiada com ansiedade ou melancolia, ou não se sentir amada, provavelmente terá problemas de concentração e atenção e sentirá menos energia. Terá mais dificuldade em manter a mente focada na tarefa que tem nas mãos. Os estudos podem tornar-se desinteressantes. Ela terá a tendência de preocupar-se consigo mesma e com suas necessidades emocionais. Sua habilidade para aprender será prejudicada.

Se persistir, a ansiedade ficará mais evidente quando a criança enfrentar uma nova experiência de aprendizado. Essa ansiedade relacionada ao aprendizado surge quase sempre entre as crianças que estão passando do ensino fundamental 1 para o ensino fundamental 2. Em geral, nessa fase há mudanças no conteúdo e nos métodos de ensino. A principal diferença é que ao pensamento e ao aprendizado concretos são associados o pensamento e o aprendizado abstratos. O aprendizado concreto lida com fatos evidentes: Manaus localiza-se no estado do Amazonas. O pensamento abstrato é simbólico: palavras e expressões representam ideias e conceitos. A transição do pensamento concreto para o abstrato é um passo muito grande, e nem todas as crianças são capazes de executá-la no momento certo.

Quando não consegue fazer essa transição com facilidade, a criança sofre de muitas maneiras. Não é capaz de entender completamente o conteúdo das lições. Tem a sensação de que está ficando para trás, o que prejudica sua autoestima, por achar-se inferior aos colegas. Se essa tendência não for corrigida rapidamente, a criança sofrerá depressão e ainda mais ansiedade, e começará a sentir-se um total fracasso. A mudança para o ensino fundamental 2 é um dos períodos mais críticos da transição escolar; portanto, merece a atenção especial dos pais.

O nível de maturidade emocional de seu filho pode fazer diferença significativa no modo como ele resiste a essa transição. Quando dizemos "maturidade emocional", estamos nos referindo à capacidade de controlar a ansiedade, suportar o estresse e manter o equilíbrio durante os tempos de mudança. Quanto mais seus filhos fizerem isso, maior será a capacidade de aprender. E a melhor maneira de ajudá-los a amadurecer emocionalmente e a manter um bom nível motivacional para a idade que têm é abastecer seus tanques de amor.

Um dos sinais de ansiedade nas crianças é a dificuldade que elas têm de estabelecer contato visual. A criança extremamente ansiosa tem problemas de aproximar-se das outras crianças, dos adultos e dos colegas. A criança com carência emocional tem dificuldade de se comunicar, mesmo que seja na forma mais simples. A rotina do aprendizado poderá ser prejudicada por causa dessa tensão e ansiedade.

Algumas dessas crianças são ajudadas quando recebem atenção especial dos professores, o que inclui contato visual e toque físico. Quando suas necessidades emocionais são supridas, os medos e ansiedades diminuem e a segurança e a confiança aumentam. Elas conseguem, então, aprender. Evidentemente, seria muito melhor que essas demandas fossem supridas em casa por pais amorosos.

Como motivar seu filho

Esta é uma pergunta frequente dos pais: "Como posso motivar meu filho?". Só podemos motivá-lo depois de abastecer seu tanque emocional e treiná-lo a controlar a raiva. Se falharmos nessas duas tarefas essenciais, será praticamente impossível entender como motivá-los.

O segredo para motivar uma criança é orientá-la a assumir responsabilidade pelo próprio comportamento. A criança que não assume essa responsabilidade não pode ser motivada. A criança que tem um bom senso de autorresponsabilidade se mostra estimulada.

Encoraje os interesses dele

Há duas maneiras de ajudar seu filho a ser responsável (e, portanto, motivado). A primeira é observar pacientemente o que atrai a atenção dele, do que ele gosta, o que aprecia fazer. Então, você poderá encorajá-lo nessa direção. Se perceber em seu filho um interesse musical, incentive-o a estudar música. O segredo, porém, está em deixar que a criança tome a iniciativa. Quando os pais tomam a iniciativa de convencer o filho a ter aulas de música, raramente os resultados são favoráveis.

Permita que ele assuma responsabilidades

A segunda maneira de ajudar seu filho a se sentir motivado é lembrar que tanto você quanto ele não podem assumir a responsabilidade ao mesmo tempo pela mesma coisa. Se você esperar e permitir que seu filho tome a iniciativa, ele será motivado porque lhe foi permitido assumir a responsabilidade. Se você tomar a iniciativa e tentar convencê-lo a fazer algo, *você* é que está assumindo a responsabilidade. É raro uma criança ser motivada quando isso acontece.

Vamos aplicar esse conceito aos deveres de casa e às notas escolares. A maioria das crianças atravessa períodos em que fazer os deveres de casa se torna um problema. Isso é especialmente verdadeiro quando o comportamento passivo-agressivo entra em cena. E lembre-se: uma dose de comportamento passivo-agressivo é normal nos adolescentes de 13 a 15 anos.

O comportamento passivo-agressivo vai direto na jugular, isto é, visa àquilo que mais aborrece o pai e/ou a mãe. A maior parte dos pais se preocupa porque deseja que os filhos alcancem boas notas. Portanto, quanto mais importância os pais derem às tarefas escolares, mais a criança tenderá a resistir a elas. Lembre-se disto: *Quanto mais responsabilidade o pai assumir pelos deveres de casa, menos a criança assumirá*. E, quanto menos responsabilidade a criança assumir pelos deveres de casa, menos motivação terá.

Se você deseja que seu filho assuma responsabilidades e se sinta extremamente motivado, precisa entender que os deveres de casa são responsabilidade dele, não sua. Como conseguir isso? Diga-lhe que você ficará muito feliz em ajudá-lo nos deveres de casa se ele lhe pedir. Se quer que ele seja responsável pela tarefa, mesmo quando lhe pedir ajuda, evite fazer qualquer parte do trabalho. Deixe a responsabilidade nas costas dele.

Por exemplo, digamos que seu filho tem de resolver um problema de matemática. Você não deve apresentar a solução para ele. Ao contrário, dê uma olhada no livro de matemática e mostre-lhe as explicações para a solução daquele problema. Depois, devolva-lhe o livro para que assuma a responsabilidade de resolver o problema. Com o tempo, ele aprenderá a assumir mais responsabilidade por si mesmo. Se achar que o professor não explicou adequadamente os conceitos, sugira que seu filho peça ajuda a ele no dia seguinte.

Haverá momentos, claro, em que você precisará esclarecer os pontos confusos ou dar informações adicionais. Isso é bom, desde que você não assuma a responsabilidade em lugar de seu filho. Se notar que está intensamente envolvido nesses deveres de casa, tente transferir aos poucos a responsabilidade para ele. Talvez você veja uma redução temporária nas notas escolares, mas a capacidade de seu filho de assumir a responsabilidade e tornar-se autossuficiente valerá a pena. Se você agir assim, seu filho necessitará cada vez menos de ajuda. E vocês dois poderão passar um tempo juntos explorando assuntos de interesse mútuo que não fazem parte do currículo escolar.

Ajudar uma criança a sentir-se motivada, permitindo que ela assuma a iniciativa e a responsabilidade pelos próprios atos, parece ser, hoje, um segredo muito bem guardado. A maioria das crianças está colocada numa posição na qual o pai ou o professor toma a iniciativa e depois assume a responsabilidade pelo que elas aprendem e como aprendem. Os adultos agem assim porque se preocupam de verdade com os filhos e acreditam erroneamente que, quanto mais assumirem a iniciativa e a responsabilidade, mais os estarão ajudando. No entanto, esse é um erro grave.

Use a linguagem do amor dele

Seus filhos alcançarão o máximo de motivação e sucesso no aprendizado escolar quando se sentirem seguros de seu amor. Se você entender a principal linguagem do amor de seus filhos, poderá intensificar as experiências diárias deles falando essa linguagem quando saírem para a escola de manhã e quando voltarem à tarde. Esses são dois momentos importantes na vida das crianças em idade escolar. Ser tocadas emocionalmente pelos pais ao sair e ao voltar para casa lhes dá segurança e coragem para enfrentar os desafios do dia.

Júlia tem 9 anos. Depois que aprendeu as cinco linguagens do amor, Kelly, sua mãe, fez algumas mudanças na rotina doméstica diária. "Não consigo nem acreditar na diferença que isso provocou na vida de Júlia", ela nos contou mais tarde. "Mesmo depois de ter ouvido falar do conceito das linguagens do amor e de ter descoberto que atos de serviço eram a linguagem de Júlia, nunca pensei que a aplicação desse conceito seria útil na escola. Mas, então, uma amiga mencionou que estava falando a linguagem do amor da filha antes que ela saísse para a escola e à tarde, quando retornava. Decidi tentar fazer o mesmo, e os resultados foram quase imediatos.

"As manhãs em nossa casa eram sempre muito agitadas: meu marido saía para o trabalho às 7h, o ônibus de Júlia passava às 7h30 e eu saía por volta de 7h50. Cada um cuidava de suas coisas, e o único contato significativo que tínhamos uns com os outros era um simples 'tchau' quando saíamos de casa."

Sabendo que Júlia valorizava os atos de serviço, Kelly lhe perguntou:

— Se eu pudesse fazer alguma coisa de manhã que facilitasse a sua vida, o que seria?

Julia pensou por um momento.

— Hum… acho que seria ter todas as minhas coisas prontas antes de sair. Estou sempre procurando alguma coisa, e depois tenho de correr para pegar o ônibus.

Na manhã seguinte, Kelly fez questão de que o lanche, os deveres de casa e tudo o mais de que a filha necessitava estivessem guardados dentro da mochila, que ficava perto da porta. Logo depois ela contou:

"Vi a diferença na atitude de minha filha de manhã. Ela chegou a agradecer quase todos os dias. E, quando saía para a escola, seu humor parecia estar melhor. Três dias depois, comecei a realizar atos de serviço à tarde, quando ela voltava da escola. No primeiro dia, comprei frutas na quitanda. Quando ela chegou e tirou a mochila das costas, eu disse: 'Júlia, comprei as maçãs de que você gosta. Quer experimentar uma?'. Sentamos, então, para conversar sobre o seu dia. Eu havia encontrado um livro de Júlia que ela imaginava ter perdido. Na tarde seguinte, quando ela entrou, eu disse: 'Olhe na mesa da cozinha', onde eu havia deixado o livro, e ela comentou: 'Puxa, obrigada! Onde você o encontrou?'".

Kelly começou a prestar mais atenção aos pedidos da filha, chegando a anotá-los. E os momentos após as aulas tornaram-se o ponto alto do dia de ambas.

"Tudo começou quatro meses atrás", contou a mãe. "A maior diferença que notei foi que agora, quando conversamos sobre a escola, os comentários dela são muitos mais positivos que antes. Parece que ela está se sentindo melhor e mais motivada. Sinto também que temos um relacionamento mais próximo."

Se a principal linguagem do amor de Júlia fosse toque físico, um abraço caloroso quando ela saísse para pegar o ônibus todas as manhãs e dois braços abertos quando chegasse em casa à tarde teriam tido o mesmo valor emocional. Evidentemente, ela também gostaria de receber os mimos.

Talvez você não esteja em casa quando seu filho volta da escola. Se assim for, a melhor coisa a fazer é demonstrar uma expressão sincera de amor quando entrar em casa. Se na última ocasião em que o vir pela manhã e no primeiro encontro que tiverem à noitinha você falar a linguagem do amor primária dele, estará realizando um dos atos mais significativos do dia. E isso poderá ter um impacto positivo no sentido de fazê-lo sentir-se motivado a aprender.

10

Ira e amor

Ira e amor. Esses dois sentimentos estão mais intimamente relacionados do que a maioria de nós gostaria de admitir. Sentimos raiva das pessoas que amamos. Talvez você se surpreenda por encontrar um capítulo sobre a ira num livro que trata do amor. Mas a verdade é que, em geral, sentimos ira e amor ao mesmo tempo.

A ira é a emoção mais perturbadora na vida da família. Ela pode produzir conflitos conjugais e agressões físicas e verbais em crianças. A ira não tratada é a raiz da maioria dos problemas da sociedade. No entanto, precisamos entender que esse sentimento ocupa um lugar positivo em nossa vida e na criação dos filhos. Nem toda ira é prejudicial. Você pode irar-se porque deseja justiça e se interessa pelo bem-estar de alguém, inclusive de seu filho. O propósito correto e final da ira é nos motivar a fazer o que é certo e corrigir o mal. Por isso, mães americanas organizaram o movimento MADD [sigla em inglês para Mães Contra Motoristas Embriagados] na tentativa de eliminar esse flagelo de nossas rodovias. A organização começou depois que uma mulher canalizou positivamente sua ira pela morte do filho, causada por um motorista embriagado. Essa mãe lutou por leis mais rigorosas contra os motoristas alcoolizados.

No entanto, em geral a ira cria mais problemas que soluções. Por ser uma emoção, ela nem sempre é expressa por bons motivos. Quase sempre se torna irracional, e não somos capazes de controlá-la; ela é que nos controla. No calor da ira, as pessoas jogam a razão pela janela e pegam um caminho destrutivo que, na verdade, piora a situação. Além disso, nem sempre julgamos adequadamente onde termina o nosso direito e começa o dos outros; ou, então, queremos corrigir os erros de forma egoísta.

A ira é uma emoção pouco compreendida — não sabemos por que a sentimos nem como podemos expressá-la apropriadamente; também desconhecemos como lidar de forma diferente com as frustrações. Se nós, como pais, não soubermos o que é a ira e como lidar com ela de modo apropriado, não seremos capazes de ensinar a nossos filhos como agir quando se sentirem irados. Sim, *quando*, porque todos nós, pais e filhos, ficamos irados todos os dias.

Talvez você se surpreenda ao saber que a principal ameaça na vida de seu filho é a ira que ele sente. Se seu filho não souber lidar com essa emoção, ela o prejudicará ou o destruirá. A ira não tratada está relacionada a cada problema, atual ou futuro, que seu filho enfrenta ou enfrentará — desde notas baixas na escola e relacionamentos prejudicados até a possibilidade de suicídio. É extremamente importante que você faça o possível para salvaguardar seu filho, hoje e no futuro.

> A principal ameaça na vida de seu filho é a ira que ele sente.

No entanto, a boa notícia é que, se seu filho aprender a lidar bem com a ira, ele terá grande vantagem na vida. A maioria dos problemas será evitada e seu filho terá mais capacidade para usar a ira em benefício próprio, em vez de permitir que ela se volte contra ele.

Sua família é assim?

É igualmente importante que os pais aprendam a administrar a própria ira ao interagir com os filhos. Poucos adultos dominam a arte de lidar com a ira. Um dos motivos é que, na maioria das vezes, a ira se manifesta no subconsciente. Outro motivo é que poucos adultos passaram pela experiência da transição da imaturidade para a maturidade no que se refere à ira. Normalmente, isso afeta o relacionamento com o cônjuge e com os filhos. Observe como a família Jackson lida com essa emoção.

Depois de um dia de trabalho cansativo, Jeff Jackson está na sala, checando sua rede social no celular. Ellen, também exausta, está lavando a louça do jantar. Um não está feliz com o outro. Will chega e pede biscoitos doces à mãe. Ela não está com humor para fazer isso e diz:

— Você não vai comer nenhum biscoito porque não terminou de jantar.

Sentindo que não adiantaria insistir, Will vai para a sala, onde encontra um pote com doces. O pai pergunta:

— O que você está fazendo? Você ouviu sua mãe. Nada de doces!

Will vai embora, mas volta depois de cinco minutos, batendo a bola de basquete no chão.

— Posso ir à casa do Jack?

— Não, não pode. Você não terminou os deveres de casa. E pare de bater essa bola!

Will pega a bola e sai. Volta depois de cinco minutos, dessa vez batendo a bola no chão da cozinha.

— Mãe, eu preciso de um livro para terminar meu trabalho de casa e o esqueci na escola. O Jack tem esse livro. Posso buscar na casa dele?

Nesse exato momento, a bola bate na mesa e o copo cai no chão.

Ao ouvir o barulho, o pai se levanta da cadeira e vai até a cozinha.

— Eu já pedi que pare de bater essa bola! — Jeff segura Will pela mão e o puxa para a sala, onde começa a espancá-lo no traseiro, gritando. — Quantas vezes eu tenho de repetir as coisas? Você vai aprender a me ouvir!

Ellen está na cozinha e, em lágrimas, pede:

— Pare com isso! Pare! Você vai matá-lo!

Quando Jeff para, Will corre para seu quarto, chorando também. O pai se joga no sofá e fixa o olhar na televisão. Ainda chorando, a mãe vai para o quarto. A ira da família não teve um propósito construtivo.

Havia um turbilhão de emoções naquela casa, e todos estavam irados. Ellen estava com raiva de Jeff porque ele não a ajudou na cozinha. Jeff estava bravo com Will por ele ter desobedecido à ordem sobre a bola de basquete. E Will era o mais zangado de todos porque a disciplina de seu pai havia sido exagerada. Ellen também estava furiosa com Jeff por ele ter tratado o filho daquela maneira.

Nada foi resolvido. Tudo piorou. Não se sabe o que Will fará com sua ira. Mesmo que ele exteriormente demonstre resignação e aja como se tudo estivesse bem, tenha certeza de que, mais tarde, a raiva transparecerá em seu comportamento.

"Eu tenho um problema"

Agora, vamos imaginar a cena com uma reação de ira diferente.

À noitinha, Ellen sai da cozinha, vai ao encontro de Jeff na sala e fala a principal linguagem do amor do marido por alguns instantes. Depois, lhe diz: "Eu tenho um problema. Estou um pouco zangada neste momento, mas não se preocupe, não vou atacar você. Só preciso de um pouco de ajuda para resolver minha questão. Essa é uma boa hora para conversarmos?". Ela pode decidir voltar para a cozinha ou ir a outro cômodo da casa e ler um pouco.

Quando o casal finalmente conversa, Ellen expõe com calma seu sentimento de injustiça porque Jeff não a ajudou a arrumar a cozinha, sobretudo em razão de ela também ter trabalhado o dia inteiro e preparado o jantar. Ellen diz que espera mais colaboração do marido e pede que ele passe a ajudá-la.

Se Ellen e Jeff tivessem tido essa conversa, o pedido de Will por um doce poderia ter recebido uma resposta diferente. Quando ele começou a bater a bola na cozinha, o pai poderia ter ido até lá, tomado a bola de suas mãos e falado a principal linguagem do amor de Will por alguns momentos, explicando que ele havia sido desobediente e que a bola ficaria trancada no porta-malas do carro por dois dias. Depois, poderia ter falado de novo a principal linguagem do amor do filho por alguns momentos. Que clima diferente teria havido naquela casa!

Os pais que não aprenderam a controlar a própria ira provavelmente não são capazes de educar os filhos a controlá-la. No entanto, esse tipo de instrução é essencial para o bem-estar dos filhos e da sociedade. Se você não aprendeu a lidar com a própria ira, recomendamos enfaticamente que não demore a procurar ajuda nessa área, para que consiga educar seus filhos com exemplos e mostrar-lhes, por meio de palavras, como lidar melhor com a ira.

Se você não aprendeu a lidar com a própria ira, recomendamos enfaticamente que não demore a procurar ajuda nessa área.

O tipo certo de ira

O modo pelo qual a criança aprende a lidar com a ira influenciará grandemente o desenvolvimento de sua integridade pessoal, um dos aspectos mais importantes do caráter. Se for educado a controlar corretamente a ira, seu filho será capaz de desenvolver um bom caráter e uma integridade forte. No entanto, se ele não aprender a lidar com esse sentimento de modo adequado, sempre apresentará focos de imaturidade em seu caráter, isto é, em seu sistema de valores pessoais, éticos e morais. Essa imaturidade se manifestará em forma de falta de integridade.

Essa falta de integridade afetará o desenvolvimento espiritual da criança; quanto menos ela for capaz de lidar com a ira de modo positivo, mais antagônica será sua atitude perante as autoridades, inclusive a de Deus. A imaturidade da criança para lidar com a ira é o principal motivo para que ela rejeite os valores espirituais dos pais.

No entanto, há uma boa notícia: se nós, pais, conseguirmos treinar nossos filhos a lidar com a ira, poderemos vê-los prosperar na vida. Entenda que a ira em si é uma reação humana normal, nem boa nem má. O problema é como lidamos com ela. Teremos bons resultados se ela nos energizar e nos motivar a tomar atitudes que antes nos faziam permanecer inertes.

Lembramo-nos de Jill, uma menina tímida de 14 anos que tinha pavor de confrontos e conflitos. Conhecida por agradar a todos, ela estava enfrentando problemas na aula de história, porque o professor tinha o hábito de menosprezar todas as crenças religiosas, principalmente o cristianismo, e ridicularizava cristãos famosos que Jill admirava. Por ser cristã, a princípio Jill sentiu-se confusa diante do antagonismo do professor e, mais tarde, começou a questionar a própria fé.

Um dia, perto do fim do primeiro semestre, o professor fez observações sarcásticas sobre os "filhos de pregadores". Jill ficou zangada porque uma de suas amigas era filha de pastor. Aliás, ficou furiosa! No fim da tarde, ela chamou outros colegas cristãos da classe e elaborou um plano, conseguindo a adesão deles. Na próxima vez em que o professor começou a fazer comentários depreciativos, aqueles alunos protestaram de forma respeitosa. Disseram ao professor que seus comentários eram ofensivos. A reação inicial do professor foi tentar ridicularizar os jovens alunos, mas logo percebeu a tolice que cometera. Mudou de assunto e pelo resto do ano não fez mais nenhum comentário depreciativo sobre crenças religiosas. Jill usou a ira de modo construtivo para ensinar ao professor e para proteger sua liberdade pessoal.

A criança passivo-agressiva

Infelizmente, a maioria das pessoas não sabe administrar a ira tão bem quanto Jill. A maneira mais comum e destrutiva de lidar com a ira chama-se comportamento passivo-agressivo. Trata-se de uma expressão da ira que se volta contra uma pessoa ou contra um grupo de forma indireta, ou seja, "passivamente". É uma determinação subconsciente de fazer exatamente o oposto daquilo que uma autoridade deseja, seja ela o pai ou a mãe, o professor, o pastor, o chefe, a polícia, as leis, as normas da sociedade — enfim, qualquer pessoa ou sistema de valores que represente autoridade. É claro que, para uma criança ou adolescente, as principais figuras de autoridade são os pais.

Ben, 15 anos, é inteligente, não apresenta problemas de aprendizado e é capaz de obter boas notas escolares. Traz os livros para casa e faz os deveres quase todas as noites. Porém, está com raiva dos pais e tem apresentado notas abaixo de sua capacidade. Os pais estão frustrados. O comportamento do filho é uma clássica reação passivo-agressiva.

Por que Ben não fazia os deveres de casa

Os pais têm várias maneiras de saber se estão lidando com um comportamento passivo-agressivo, e a identificação correta é importante, porque existem muitos outros motivos para problemas relacionados ao comportamento. Primeiro, a conduta passivo-agressiva não faz sentido. Certamente ela se aplica ao caso de Ben. Conhecendo sua habilidade e esforço, é difícil entender o motivo de seu baixo rendimento na escola.

Segundo, um sinal de comportamento passivo-agressivo é quando nada do que você faz para corrigi-lo dá certo. O propósito desse comportamento é aborrecer a figura de autoridade, portanto, seja qual for a atitude que esta tomar, não fará diferença para a criança. Nada do que os pais ou professores fizeram serviu para melhorar as notas de Ben. Eles o ajudaram nos deveres de casa, prometeram recompensá-lo se tirasse boas notas e até tentaram castigá-lo. Cada novo método pareceu melhorar um pouco a situação, mas, com o passar do tempo, nada funcionou. É por isso que é tão difícil lidar com o comportamento passivo-agressivo. No subconsciente, Ben queria ter certeza de que nada daria certo, uma vez que a intenção subjacente era aborrecer as figuras de autoridade.

Terceiro, embora o propósito desse comportamento seja frustrar as figuras de autoridade, a pessoa que age dessa forma é a única a ser derrotada; seus relacionamentos e seu futuro serão seriamente prejudicados.

O comportamento passivo-agressivo no início da adolescência

Há apenas um período da vida no qual o comportamento passivo-agressivo é normal: o início da adolescência, dos 13 aos 15 anos. E esse comportamento só pode ser considerado normal se não prejudicar ninguém. É essencial que a criança aprenda a lidar com a ira de maneira madura e a livrar-se do estágio passivo-agressivo. Do contrário, o comportamento se tornará parte permanente da personalidade e do caráter dela e será usado contra chefes, cônjuge, filhos e amigos.

Os adolescentes de hoje têm muitas opções para manifestar comportamento passivo-agressivo, e algumas são perigosas: drogas, violência, álcool, crime, atividade sexual que resulta em doenças venéreas ou gravidez, fracasso na escola e até suicídio. Em geral, quando os adolescentes saem dessa fase, o dano permanente já está instalado.

Como pais, vocês precisam fazer a distinção entre o comportamento passivo-agressivo não prejudicial e o que é anormal e nocivo. Por exemplo, cobrir árvores com papel higiênico é uma válvula de escape durante a fase passivo-agressiva dos adolescentes. Um quarto em completa desordem é irritante, mas inofensivo. Atividades físicas exaustivas também podem ajudar os adolescentes a satisfazer seus desejos de adrenalina e perigo. Durante essa fase, eles se beneficiarão ao se envolver com alpinismo, atividades em cordas, ciclismo de longa distância e esportes individuais ou coletivos.

Ao ajudar seus filhos adolescentes no decorrer dessa etapa, lembre-se de que seu objetivo é prepará-los para que sejam capazes de controlar a ira quando chegarem aos 17 anos. Eles só conseguirão abandonar o estágio passivo-agressivo se aprenderem formas mais maduras e aceitáveis que substituam esse comportamento. Infelizmente, muitas pessoas não conseguem se livrar desse estágio. É muito comum encontrar comportamento passivo-agressivo entre os adultos.

A verdade é que a maioria das pessoas não entende a ira nem as formas pelas quais ela pode ser controlada. Muitos pais cometem o trágico erro de pensar que todas as formas de ira são condenáveis e passíveis de disciplina. Esse método não funciona e não traz nenhum benefício às crianças; não as educa a lidar com a ira de forma construtiva. Consequentemente, elas continuam incapazes de controlá-la na fase adulta, assim como seus pais. O comportamento passivo-agressivo é a causa principal do fracasso na faculdade, dos problemas no trabalho e dos conflitos no casamento.

Muitos pais cometem o trágico erro de pensar que todas as formas de ira são condenáveis e passíveis de disciplina.

Uma vez que o comportamento passivo-agressivo é a origem secreta das piores dificuldades da vida, nós, como pais, temos o dever de instruir nossos filhos pequenos e adolescentes a lidar com a ira de modo correto. Não é possível eliminá-la com disciplina.

Comece desde cedo

É claro que você não pode esperar até que seus filhos entrem na adolescência para ensiná-los a lidar com a ira. Comece quando eles ainda são bem pequenos — mas não espere que tenham capacidade e maturidade para lidar com a ira antes dos 6 ou 7 anos.

Controlar a ira é a parte mais difícil que cabe aos pais, porque os filhos são limitados nas formas de expressá-la. Eles têm apenas duas opções: expressão verbal ou comportamental, e os pais sentem dificuldade de lidar com ambas. Acham complicado entender que a ira precisa ser extravasada de alguma forma — que não pode ser totalmente reprimida. Resultado: muitos pais reagem de maneiras erradas e destrutivas diante das manifestações de ira dos filhos.

Ao refletir nessas duas opções, reconheça que a expressão verbal é melhor que a comportamental. Quando seu filho descarrega a ira com palavras, você consegue orientá-lo a controlá-la de forma madura. Evite a todo custo o comportamento passivo-agressivo.

Até seu filho completar 6 ou 7 anos, você deve esforçar-se principalmente para evitar que a conduta passivo-agressiva crie raízes. A primeira e a mais importante maneira de fazer isso é manter o tanque emocional de seu filho cheio de amor incondicional. A principal causa da ira e do mau comportamento é um tanque de amor vazio. Fale a linguagem do amor de seu filho de forma clara e constante, e você abastecerá aquele tanque o suficiente para evitar que o comportamento passivo-agressivo crie raízes. Quando o tanque de amor está cheio, a criança não se sente pressionada a exibir sua infelicidade perguntando por meio de atitudes: "Você me ama?". A criança cujo tanque emocional está vazio é compelida a recorrer ao mau comportamento para perguntar se é amada.

A seguir, reconheça que os filhos não têm nenhuma defesa contra a ira dos pais. A raiva que você descarrega em seu filho vai direto para dentro dele. Se você fizer isso com frequência, é provável que a ira reprimida se manifeste em forma de comportamento passivo-agressivo. Ouça seu filho com calma;

deixe-o manifestar a ira verbalmente. Pode não ser agradável ouvi-la, porém é melhor que reconhecê-la em atitudes.

Infelizmente, quando as crianças extravasam a ira verbalmente, muitos pais gritam palavras como estas: "Como você se atreve a falar comigo desse jeito? Nunca mais fale comigo assim. Entendeu?". Sobram duas opções para as crianças: obedecer e não manifestar a ira verbalmente ou desobedecer. Que situação difícil!

Ajudando os filhos a subir a Escada da Ira

Milhares de pais têm obtido ajuda para entender a ira de um filho ao visualizar a Escada da Ira (veja ilustração na página ao lado). Nos próximos anos, enquanto estiver orientando seus filhos, você desejará ajudá-los a subir a Escada da Ira degrau por degrau, deixando para trás as expressões mais negativas e subindo em direção às mais positivas. O objetivo é que a criança se livre do comportamento passivo-agressivo e das ofensas verbais e passe a ter uma reação calma, e até agradável, que busque uma solução específica. Trata-se de um processo longo que inclui treinamento, exemplo e paciência.

Observe que o comportamento passivo-agressivo aparece na parte inferior da escada e representa a ira totalmente descontrolada. Por ser um comportamento comum durante a adolescência, em algum momento você terá de lidar com a ira nesse nível; contudo, não deve permitir que seu filho permaneça ali. Se assim for, você poderá estar a caminho de sérios problemas.

Lembre-se de que seu filho só pode subir um degrau por vez. Se desejar que o processo e o treinamento terminem logo, a tarefa será frustrante. Espere um pouco até que seu filho esteja pronto para subir mais um degrau. Isso exigirá paciência e sabedoria, mas os resultados farão a espera valer a pena. Quando seu filho demonstrar ira, identifique em que degrau da escada ele se encontra, para saber qual será o próximo.

A ESCADA DA IRA

POSITIVO

1. AGRADÁVEL • BUSCANDO A SOLUÇÃO • CONCENTRANDO-SE NA FONTE DA IRA • MANTENDO-SE NA QUEIXA PRINCIPAL • PENSANDO LOGICAMENTE
2. AGRADÁVEL • CONCENTRANDO-SE NA FONTE DA IRA • MANTENDO-SE NA QUEIXA PRINCIPAL • PENSANDO LOGICAMENTE

POSITIVO E NEGATIVO

3. CONCENTRANDO-SE NA FONTE DA IRA • MANTENDO-SE NA QUEIXA PRINCIPAL • PENSANDO LOGICAMENTE • Desagradável, elevando a voz
4. MANTENDO-SE NA QUEIXA PRINCIPAL • PENSANDO LOGICAMENTE • Desagradável, elevando a voz • Desviando a ira para outras fontes
5. CONCENTRANDO-SE NA FONTE DA IRA • MANTENDO-SE NA QUEIXA PRINCIPAL • PENSANDO LOGICAMENTE • Desagradável, elevando a voz • Ofensa verbal
6. PENSANDO LOGICAMENTE • Desagradável, elevando a voz • Desviando a ira para outras fontes • Expressando queixas não relacionadas à ira

PRINCIPALMENTE NEGATIVO

7. Desagradável, elevando a voz • Desviando a ira para outras fontes • Expressando queixas não relacionadas à ira • Comportamento emocionalmente destrutivo
8. Desagradável, elevando a voz • Desviando a ira para outras fontes • Expressando queixas não relacionadas à ira • Ofensa verbal • Comportamento emocionalmente destrutivo
9. Desagradável, elevando a voz • Amaldiçoando • Desviando a ira para outras fontes • Expressando queixas não relacionadas à ira • Ofensa verbal • Comportamento emocionalmente destrutivo
10. CONCENTRANDO-SE NA FONTE DA IRA • Desagradável, elevando a voz • Amaldiçoando • Desviando a ira para outras fontes • Jogando objetos • Comportamento emocionalmente destrutivo
11. Desagradável, elevando a voz • Amaldiçoando • Desviando a ira para outras fontes • Jogando objetos • Comportamento emocionalmente destrutivo

NEGATIVO

12. CONCENTRANDO-SE NA FONTE DA IRA • Desagradável, elevando a voz • Amaldiçoando • Destruindo coisas • Ofensa verbal • Comportamento emocionalmente destrutivo
13. Desagradável, elevando a voz • Amaldiçoando • Desviando a ira para outras fontes • Destruindo coisas • Ofensa verbal • Comportamento emocionalmente destrutivo
14. Desagradável, elevando a voz • Amaldiçoando • Desviando a ira para outras fontes • Destruindo coisas • Ofensa verbal • Ofensa física • Comportamento emocionalmente destrutivo
15. Comportamento passivo-agressivo

Nota: As frases em letras maiúsculas indicam maneiras positivas de expressar os sentimentos de ira.
Fonte: Ross Campbell, *Como realmente amar seu filho rebelde* (São Paulo: Mundo Cristão, 2005).

Recordo-me de uma experiência particularmente desagradável no lar da família Campbell quando meu filho, David, tinha 13 anos. Ele verbalizava a ira somente quando um incidente o aborrecia. Às vezes a manifestava contra mim de uma forma que eu não queria ouvir. Precisei ter uma séria conversa comigo mesmo. Sabia que deixá-lo expressar a ira o ajudaria a descobrir em que degrau da escada se encontrava; então, eu dizia interiormente: "É isso aí, David, é isso aí. Extravase sua ira, porque, quando ela sair por completo, eu terei pegado você". Claro que não disse isso a ele.

Havia outro motivo para eu querer que a ira de David fosse colocada para fora: por estar dentro dele, ela controlava toda a casa. Assim que ela saiu, ele se sentiu tolo e eu consegui recuperar o controle. Depois de extravasar toda a ira verbalmente, David começou a se perguntar: "O que eu faço agora?". Fiquei, então, numa ótima posição para instruí-lo.

Deixar que David despejasse todas aquelas palavras teve ainda outra utilidade. Quanto mais meu filho expressava ira verbalmente, menos probabilidade havia de ele apresentar atitudes destrutivas. Isso também é válido para seu filho. Deixe-o verbalizar a própria ira e você verá em que degrau da escada ele está. Assim, você poderá limitar o comportamento passivo-agressivo em potencial.

Permita que seu filho manifeste ira

Prezados pais, nem sempre é fácil aceitar essa maneira de lidar com os filhos. Deixar que a criança manifeste ira verbalmente pode parecer permissivo. Não é. Lembrem-se de que crianças de qualquer idade manifestam a ira naturalmente e de forma imatura. Para educá-las a manifestar de modo adequado a ira que sentem, vocês não podem simplesmente se mostrar aborrecidos com elas, forçando-as a parar. Se agirem assim, a ira será totalmente reprimida, resultando em comportamento passivo-agressivo.

Se quiserem treinar seus filhos a controlar a ira de modo maduro, vocês precisam *permitir que eles a manifestem verbalmente, por mais desagradável que seja*. Lembrem-se: toda raiva é manifestada por meio de palavras ou de comportamento. Se não permitirem que ela seja manifestada com palavras, a consequência será um comportamento passivo-agressivo.

Quando seu filho fala com raiva, não significa necessariamente que ele está sendo desrespeitoso. Se quiser saber, pergunte a si mesmo: "Na maior parte do tempo, qual é a atitude desta criança em relação à minha autoridade?". A maioria das crianças respeita os pais 90% do tempo. Se isso se aplica a seu filho, e agora ele está manifestando a ira verbalmente a você por causa de uma determinada situação, isso é exatamente o que você deve desejar que aconteça.

Quando seu filho fala com raiva, não significa necessariamente que ele está sendo desrespeitoso.

Assim que seu filho extravasar toda a ira, você estará em excelente posição para instruí-lo.

Você pode pensar: "Não é injusto esperar que eu não apenas me sinta agradecido por minha filha manifestar ira verbalmente como ainda me controle?". Admitimos que não é fácil. Mas, quando você se comporta dessa maneira, está se forçando a amadurecer. E está livrando a si mesmo e a sua família de piores problemas. Talvez você esteja pensando nas crianças que verbalizam a ira na maior parte do tempo, estando aborrecidas ou não. É verdade; algumas crianças manifestam ira para manipular os pais e conseguir o que querem, e isso é inaceitável. As expressões verbais de ira motivadas por um desejo de aborrecer e magoar os outros são inadequadas e precisam ser corrigidas. Lide com esse problema como faz com qualquer outro mau comportamento.

Na correção, porém, pratique a diretriz básica dos pais: seja agradável, mas firme.

Isso talvez pareça confuso, mas deixar a criança expressar ira verbalmente quando estiver aborrecida por causa de um determinado problema proporcionará a você uma oportunidade para instruí-la, conforme discutiremos a seguir. Controle-se quando seu filho expressar ira verbalmente. E sempre seja agradável, porém firme.

Não deixe a oportunidade escapar

Depois de uma explosão de ira, aproveite o momento para ajudar seu filho a aprender a lidar com ela. Tão logo a situação se estabilize entre vocês, sentem-se juntos e façam três coisas que ajudarão seu filho a lidar com a ira de modo positivo:

1. Diga-lhe que não vai condená-lo. Em especial se a criança reagir fortemente à autoridade, ela poderá sentir-se culpada pelo que fez e nunca mais expressar seus sentimentos. Parte do treinamento é dizer-lhe que você a aceita como pessoa e que sempre quer saber como ela está se sentindo — seja feliz, triste ou zangada.
2. Elogie seu filho pelas atitudes corretas. Diga, por exemplo: "Você deixou claro que estava zangado, e isso é bom. Não descarregou a ira no seu irmãozinho nem no cão. Não atirou nenhum objeto nem esmurrou a parede. Simplesmente me disse que estava zangado". Mencione tudo aquilo em que seu filho acertou. A manifestação verbal da raiva contra você indica que ele adotou algumas atitudes corretas e evitou outras incorretas.
3. Ajude-o a subir um degrau na Escada da Ira. O objetivo é fazer seu filho ter uma reação mais positiva em relação à ira. É melhor pedir que proibir. Em vez de dizer "Nunca mais me chame daquele jeito!", diga: "Por favor, filho, de hoje em diante nunca mais me chame daquele jeito!

Tudo bem?". É claro que isso não garantirá que ele vá deixar de cometer o mesmo erro. Porém, tenha certeza de que, quando for suficientemente maduro, seu filho subirá aquele degrau. Isso poderá ocorrer no dia seguinte, nas próximas semanas ou meses mais tarde.

Esse treinamento é um processo longo e difícil, mas, depois de repeti-lo o suficiente, seu filho começará a agir de modo correto sem que precise ser lembrado. A instrução, em conjunto com seu bom exemplo de lidar com a ira de forma madura, ajudará seu filho a pôr em prática um autotreinamento depois de algum tempo.

Para obter mais informações sobre como ajudar seu filho a controlar a ira, recomendamos dois livros escritos por Ross Campbell: *Como realmente amar seu filho* e *Como realmente amar seu filho adolescente.*

O amor e a ira

Repetindo: o elemento mais importante para educar seus filhos a lidar com a ira é seu amor incondicional por eles. Quando sabem que são amados dessa maneira, quando se sentem verdadeiramente amados o tempo inteiro, eles reagem muito melhor a seu treinamento. Além disso, é bem provável que você alcance seu objetivo de conduzi-los à maturidade emocional quando chegarem aos 17 anos.

Definimos amor como buscar o interesse do outro e suprir as necessidades dele. Segundo essa definição, todas as palavras e ações erradas são consequência da falta de amor. Não podemos amar um filho e, ao mesmo tempo, tratá-lo mal. Insistir na ideia de que ainda o amamos quando agimos de forma reprovável com ele é tornar insignificante a palavra *amor*. A criança tratada dessa maneira não se sente amada.

Ao contrário, sente-se irada, porque pensa que não é objeto de amor.

Todos nós conhecemos adultos irados porque não se sentiram amados pelos pais. Eles podem apresentar muitos motivos válidos para justificar a ira, mas, na raiz daqueles comportamentos específicos, existe falta de amor. A conclusão a que chegam é: "Se eles me amassem, não me tratariam daquela maneira".

Não estamos afirmando que as crianças que recebem amor incondicional expresso em sua principal linguagem do amor (e nas outras) nunca sentirão ira. Sentirão, simplesmente porque vivemos num mundo imperfeito. Também não estamos afirmando que, no intuito de resolver a ira de seus filhos, você deva concordar com a opinião deles. No entanto, ouça o ponto de vista de seus filhos e procure entender as preocupações que os acometem. Depois poderá julgar se eles estavam errados ou foram mal compreendidos. Às vezes, será necessário desculpar-se com seus filhos. Em outras ocasiões, você terá de explicar que tomou aquela decisão pensando nos melhores interesses deles. Mesmo que não gostem de sua decisão, eles a respeitarão se você parar para ouvi-los completamente e entender suas queixas.

Controlar a ira e ensinar os filhos a lidar com ela de forma madura é uma das tarefas mais difíceis dos pais. Mas as recompensas são ótimas. Fale a linguagem do amor de seu filho, mantenha abastecido seu tanque de amor e veja-o tornar-se um adulto amoroso e responsável que sabe controlar a ira e ajuda os outros a fazer o mesmo.

11

Linguagens do amor em famílias em que um dos pais está ausente

Abastecer o tanque de amor de uma criança parece ser, às vezes, uma tarefa difícil: você está cansado, seu filho é exigente e nessa hora quem precisa de amor é você. Pelo menos você tem o cônjuge para ajudá-lo. Ou não?

Em milhões de famílias monoparentais, a resposta é "não". Em vez de haver o pai e a mãe abastecendo consistentemente o tanque emocional das crianças, um deles executa a tarefa sozinho. Em vez de duas pessoas darem aos filhos um amor que flui por meio do relacionamento conjugal, agora o amor parte de uma mãe ou de um pai que está magoado, sozinho, pressionado e sem receber incentivo suficiente de outro adulto.

Mesmo assim, é possível falar a linguagem do amor de seu filho e abastecer seu tanque de amor. Tudo que afirmamos a respeito de amar seus filhos é verdadeiro, quer eles morem com um dos pais, quer residam com os dois. As famílias monoparentais enfrentam muitos outros problemas; no entanto, o poder das cinco linguagens do amor não é menor em função da configuração familiar. Ressaltamos isso sabendo que, dentre todas as famílias com filhos, cerca de 30% constituem lares em que um dos pais está ausente, de acordo com as estatísticas do censo americano de 2009.[1] Pelo fato de muitas crianças viverem em lares assim, sentimo-nos compelidos a abordar algumas necessidades especiais dessas famílias, inclusive como praticar as linguagens do amor com os filhos.

Entendemos que os lares monoparentais não são todos iguais. Alguns existem em consequência de divórcio e outros em consequência da morte de um dos cônjuges. Alguns pais nunca se casaram — em 2008, aproximadamente 40% de todas as crianças nasceram de pais não casados. Nos lares onde existe apenas o pai ou a mãe, algumas crianças têm um contato positivo e frequente com aquele que não tem sua custódia, enquanto outras sofrem em razão de contatos negativos ou falta total de relacionamento. Algumas dessas famílias moram perto de parentes e desfrutam os benefícios da proximidade de avós, tios e primos. Muitas outras vivem distantes dos parentes e precisam se virar sozinhas.

Seja qual for sua situação, se você é um pai ou uma mãe que está criando os filhos sem a ajuda de alguém, sabemos que pode expressar amor à sua família de forma eficaz, principalmente se falar a principal linguagem do amor de seus filhos.

Quando tudo fica sob sua responsabilidade

O pai ou a mãe que precisa sustentar os filhos por conta própria e, ao mesmo tempo, manter uma carreira e algo que se assemelhe a uma vida pessoal conhece as tensões que ocorrem no lar. Se essa for a sua situação, você conhece muito bem as pressões dos horários, as necessidades econômicas e as mudanças sociais e pessoais que você e seus filhos estão vivendo. Conhece as dúvidas a respeito de sua capacidade de realizar sua tarefa de modo adequado. Já ouviu todos os julgamentos de supostos entendidos sobre as armadilhas que aguardam seus filhos. Algumas vezes, você sente a solidão e a exaustão de ter de dar conta de tudo.

A maioria dos lares monoparentais resulta de divórcio, e as pesquisas continuam a revelar que esse é um evento traumático para os filhos, principalmente quando não é bem administrado pelo pai *e* pela mãe.

Quando um dos pais morre, a criança sabe que não havia escolha. Normalmente, a morte foi precedida por uma doença, o que ajuda a criança a entendê-la. O divórcio é escolha de um dos pais, ou mesmo de ambos, ainda que aquela "escolha" pareça ser uma necessidade. O pai ou a mãe que enviuvou terá de lidar com as lembranças da criança, não com a qualidade de uma ligação contínua — benéfica ou prejudicial — com aquele que se foi. O pai ou a mãe que se divorciou enfrenta anos de decisões quanto ao relacionamento com a parte que não detém a guarda dos filhos.

Seria difícil mencionar outra mudança que tenha afetado mais profundamente a natureza de nossa sociedade atual que o divórcio. No entanto, o número crescente de famílias de pais separados é um problema social de muitas camadas e está além do alcance deste livro. Nosso foco está no que fazer agora. Como ajudar filhos que se encontram em circunstâncias que não escolheram e que não podem mudar? Estamos também preocupados com os milhões de pais e mães que lutam solitária e corajosamente para manter a família intacta e criar filhos felizes e responsáveis.

Curando as feridas

As necessidades das crianças que vivem nesses lares são as mesmas daquelas que moram com os dois pais. O que muda é a *forma* como essas demandas são supridas, já que só um dos pais é o cuidador, não ambos. Em geral, esse cuidador que ficou sozinho em razão de divórcio, viuvez ou por nunca ter se casado sente-se ferido emocionalmente. Pais feridos estão tentando cuidar de filhos também feridos e, ao mesmo tempo, esperam convencê-los de que a vida pode ser razoavelmente normal. Em vez de as crianças terem de lidar com os problemas comuns do crescimento, elas agora assumem outro conjunto de preocupações que em teoria não deveria fazer parte de seu mundo.

Judith Wallerstein, fundadora do Center for the Family in Transition [Centro para a família em transição], realizou a mais abrangente pesquisa sobre os efeitos do divórcio nas crianças. No livro *Second Chances: Men, Women, and Children a Decade after Divorce* [Segundas chances: homens, mulheres e filhos uma década depois do divórcio], em que dividiu a autoria com Sandra Blakeslee,[2] Wallerstein informa que iniciou a pesquisa com esta noção comumente difundida entre muitos adultos: o divórcio provoca um sofrimento imediato de curta duração, mas, com o passar do tempo, proporciona maior felicidade e satisfação para todos os envolvidos. Os anos de pesquisa de Wallerstein demonstraram que essa suposição não é verdadeira. As crianças não conseguem superar o sofrimento do divórcio.

A maioria das crianças entrevistadas por Wallerstein, Blakeslee e seus associados via-se como uma categoria especial: “Filhos do divórcio”. Sentiam uma forte ligação com outras crianças que haviam passado pelas mesmas experiências. Suas emoções mais comuns eram medo, raiva e ansiedade. Mesmo dez anos depois da separação dos pais, esses sentimentos vinham à tona com frequência.

Ajudando seu filho a lidar com o sofrimento

Esses sentimentos podem drenar imediatamente o amor do tanque emocional das crianças. Quando você falar a principal linguagem de seu filho a fim de abastecer seu tanque, saiba que será necessária uma dose muito maior de amor. Negação, ira, depois negociação e mais ira — essas são as reações comuns ao sofrimento experimentado tanto pelos filhos do divórcio quanto por aqueles que enfrentaram a morte de um dos pais. Com o tempo, as crianças apresentarão um nível maior de aceitação diante da perda. Algumas conseguem atravessar essas fases do sofrimento com mais rapidez se os adultos importantes de sua vida procurarem conversar francamente com elas sobre o ocorrido. Elas precisam de alguém para dialogar e de um ombro amigo onde possam chorar. Se os membros da família não puderem se envolver de forma útil, talvez elas disponham da solidariedade de um pastor, de um amigo ou de um conselheiro que desempenhe esse papel.

Vamos analisar cada reação e saber como os pais e outros amigos adultos podem auxiliar a criança a aceitar a perda. É muito importante falar a principal linguagem do amor da criança durante essa fase; isso a ajudará a lidar com o sofrimento.

Negação

Normalmente, a primeira reação é a de negação. Nenhuma criança deseja acreditar que seus pais estão se separando ou que um deles morreu. Na mente dela, os pais se separaram por uns tempos ou aquele que morreu está viajando e logo retornará. Nessa fase, a criança se sente muito amedrontada e passa por um profundo sentimento de tristeza e perda. Talvez chore com frequência em razão de seu imenso desejo de que os pais se unam novamente. No caso do divórcio, ela também poderá sentir-se rejeitada.

Ira

A fase da negação é acompanhada e sucedida por ira intensa. A criança fica irada com os pais porque estes violaram as leis implícitas que recaem sobre eles: pais devem cuidar dos filhos e nunca abandoná-los. Essa ira será expressa abertamente com palavras ou reprimida por medo de aborrecer os pais; também pode haver receio de receber castigo por mau comportamento ou palavras enraivecidas. A criança visivelmente irada pode apresentar acessos de raiva, explosões verbais e até ser fisicamente destrutiva. Ela se sente impotente — não consegue expressar o que se passa em seu interior. Também apresenta uma imensa solidão e se sente incapaz de conversar com alguém.

A ira da criança pode voltar-se diretamente contra o pai ou a mãe que a deixou, contra aquele que ficou com sua guarda ou contra ambos. No caso de perda por morte, é possível que a ira se volte diretamente contra Deus. A criança tem enorme necessidade de sentir-se amada, de saber que alguém se importa com ela de verdade. Provavelmente não receberá esse amor daquele que foi embora e também não receberá a dose de amor necessária daquele que ficou com ela. Além disso, se acreditar que o pai ou a mãe responsável por sua guarda tem a culpa pelo divórcio, ela talvez não aceite as expressões de carinho de nenhum dos dois. Por esse motivo, avós e outros familiares, professores e líderes religiosos precisam ser sensíveis às oportunidades de suprir de modo significativo essa demanda da criança por amor. Se eles conhecerem a principal linguagem dela, os esforços para suprir suas necessidades emocionais serão muito mais eficazes.

A linguagem do amor de Robbie era toque físico. O pai saiu de casa quando o menino tinha 9 anos. Ao fazer uma retrospectiva, Robbie diz: "Se não fosse por meu avô, não sei se teria conseguido superar a separação. Na primeira vez em que o vi depois que meu pai foi embora, meu avô me abraçou por um longo tempo. Não disse nada, mas eu sabia que ele me amava e sempre me daria apoio. Todas as vezes que vinha me visitar, ele me abraçava; quando ia embora, me abraçava de novo. Não sei se ele tinha ideia de quanto aqueles abraços significavam para mim, mas eram como chuva no deserto.

"Minha mãe me ajudou muito porque me deixou falar. Fazia perguntas e me incentivava a compartilhar meu sofrimento. Eu sabia que ela me amava, mas no início eu não queria receber seu amor. Ela tentava me abraçar e eu a empurrava. Acho que eu a culpava por meu pai ter ido embora. Só percebi que fui injusto com ela quando descobri que meu pai havia partido por causa de outra mulher. Então comecei a aceitar seus abraços e nos aproximamos novamente".

Negociação

A negação e a ira são sucedidas pela negociação. Quando os pais se separam, a criança esforça-se ao máximo para uni-los de novo. Talvez converse com eles, em separado ou em conjunto, e implore para que resolvam suas diferenças e restabeleçam a unidade da família. Se a negociação verbal não funcionar, o filho poderá tentar manipular os pais inconscientemente, exibindo um péssimo comportamento para chamar a atenção deles. Ou, então, fará um teste para saber se realmente se preocupam com seu bem-estar. Esse teste poderá incluir uso de drogas, pequenos furtos, vandalismo, atividade sexual e até suicídio.

Mais ira

Depois da negociação, a ira aumenta. No coração da criança cujos pais se divorciaram, a ira se instala e persiste longamente. Durante pelo menos um ano após o divórcio, é provável que a criança continue lutando contra sentimentos de culpa, raiva, medo e insegurança. A canalização de tanta energia nesses sentimentos pode resultar em notas baixas na escola, comportamento social mais agressivo e negativo, menos respeito pelos adultos e grande solidão. É nesse ambiente doloroso que o pai ou a mãe busca suprir por si só as necessidades de amor do filho e, ao mesmo tempo, estabelecer alguma aparência de normalidade em casa. A tarefa desse pai ou dessa mãe não é nada fácil.

Wallerstein escreveu: "Depois do divórcio você caminha sozinho. Não tem mais ninguém. É assustador". Ao mesmo tempo, "as crianças pequenas necessitam de você com mais frequência [...]. Elas ficam agitadas, mal-humoradas e mais apegadas [...]. Criar filhos sempre exige mais tempo do que se imagina. Eles apresentam mais crises do que você espera. Exigem sacrifício de tempo, imploram por dinheiro, insistem em visitar o trabalho do adulto e clamam por brincadeiras".[3]

Aprender a encher o tanque de amor de seu filho enquanto o seu está quase vazio é uma tarefa difícil. Mas o pai ou a mãe que age sabiamente, assim como fez a mãe de Robbie, passa a entender quais são as necessidades peculiares do filho — e procura supri-las.

Como as histórias podem ser úteis

Crianças sobrecarregadas de sentimentos negativos enfrentam dificuldade para pensar com clareza. Se você se vê sozinho no cuidado de filhos assim, leia junto com eles. Isso poderá ajudá-los a começar a pensar mais com mais clareza sobre suas dores e perdas. Escolha um livro cujo enredo sejam capazes de entender. Selecione histórias, canções e poemas apropriados para a idade de cada um de seus filhos, inclusive os que estiverem no início da adolescência. Esse poderá ser um tempo aconchegante e de união. Muitas histórias agradáveis contêm ótimas lições éticas e morais, como as de Pinóquio. Há também os escritos de Beatrix Potter: *As aventuras de Pedro coelho* e *Pedro carteiro*. Recomendamos a leitura de *O livro das virtudes*, de William Bennett.

Crianças sobrecarregadas de sentimentos negativos enfrentam dificuldade para pensar com clareza.

Observe atentamente as reações de seu filho enquanto lê para ele. Pergunte o que ele está pensando, para abrir possibilidades de discutir o assunto no nível de entendimento dele.

Se estiver lendo sobre uma criança ou um animal perdido e seu filho demonstrar preocupação, haverá uma ótima oportunidade para elogiá-lo por ele ter um coração sensível. Você poderá explicar também o que significa sentir-se perdido ou perder alguém muito querido.

As crianças também precisam de ajuda para lidar com o jogo da culpa. A ira pode confundir-lhes o pensamento. É comum elas acreditarem que culpar outra pessoa é justificável, simplesmente porque estão zangadas. Quando estiverem mais calmas, explique os dois lados da situação, não apenas quanto a outras crianças, mas também quanto ao que aconteceu em sua família. Especialmente quando as crianças se sentem terrivelmente enganadas pelo pai ou pela mãe que, conforme acreditam, as abandonou, elas precisam saber que a sensação de perda é natural e não há motivo para se sentirem culpadas.

E, enquanto leem juntos, troquem ideias sobre o que está acontecendo na vida diária deles. Criem histórias juntos; isso lhe permitirá entender o que se passa no coração de seus filhos, em níveis que eles talvez sejam incapazes de verbalizar numa conversa.

Peça ajuda!

Nenhum pai ou mãe é capaz de suprir sozinho as necessidades de amor de um filho. Conforme já dissemos, algumas crianças escolhem não aceitar o amor de nenhum dos dois; a mágoa e a ira são tão grandes que elas não dão nenhuma possibilidade ao amor. É aí que os avós e outras pessoas da família, da igreja ou da comunidade entram em cena.

Se você cuida sozinho de seu filho, não espere que outras pessoas lhe perguntem se podem ajudá-lo. Algumas não se oferecem porque não querem interferir em sua família. Outras talvez não estejam cientes da situação. Se você ou seus filhos precisam de ajuda, é aconselhável investigar os recursos disponíveis em sua comunidade. Alguém na escola de seus filhos ou em sua igreja poderá orientá-lo nessa busca.

Os parentes são sempre importantes, mas se tornam mais necessários quando as crianças sofrem perdas. Por exemplo, avós que moram perto podem ajudar os netos de várias maneiras durante a semana escolar, e a presença deles poderá animar o filho ou a filha que cuida das crianças. Eles poderão ir à casa dele ou dela e ajudar os netos a se aprontar para a escola de manhã, ou podem buscá-los de carro à tarde. Os avós também ajudam a carregar grande parte da carga emocional do pai ou da mãe que cria os filhos sozinho.

Há muitas pessoas que ficariam felizes por ajudar famílias monoparentais se soubessem que sua ajuda é necessária. Elas querem se sentir úteis, e você precisa de auxílio. O único problema é reunir esses dois desejos. As igrejas locais oferecem boas chances para que isso ocorra; algumas até contam com estrutura de apoio. Se achar difícil expor suas necessidades, lembre-se de que não está agindo em benefício próprio, mas para o bem-estar de seus filhos.

As linguagens do amor em lares em que um dos pais está ausente

A necessidade de amor de uma criança é tão importante após o divórcio quanto antes dele. A diferença é que o tanque de amor da criança foi rompido pelo duro trauma do divórcio. Para reparar esse tanque, é necessário ouvi-la atentamente por horas, a fim de que ela processe as emoções das quais já falamos. Alguém precisa cuidar dela durante a fase de sofrimento para que ela volte a acreditar que é verdadeiramente amada. O processo de consertar o tanque de amor é, em si, uma expressão amorosa. Ouvir mais, falar menos, ajudar seu filho a encarar a realidade, reconhecer sua mágoa e solidarizar-se com seu sofrimento — tudo isso faz parte do processo.

Evidentemente, a principal maneira de reabastecer o tanque de amor é falar a linguagem do amor de seu filho. Tenha em mente que a principal linguagem do amor da criança não muda simplesmente porque houve uma separação entre os pais, por divórcio ou por morte. Aprenda a linguagem do amor de seu filho e informe-a aos outros adultos importantes na vida dele.

Nas primeiras semanas após o divórcio, quando a criança ainda se sente incapaz de receber amor do pai ou da mãe, os outros adultos importantes na vida dela talvez sejam os únicos capazes de expressar-lhe amor. Se seu filho recebe amor principalmente por meio de palavras de afirmação, ele poderá recebê-las dos avós ou de outros adultos, mesmo que rejeite temporariamente o afeto vindo de você. A criança cuja principal linguagem do amor são os presentes poderá atirar o objeto recebido no rosto do pai ou da mãe que se divorciou recentemente. Não se zangue com essa atitude; entenda que isso faz parte do processo de sofrimento da criança. Assim que ela atingir a fase de aceitação e compreender que não pode restaurar o casamento dos pais, que terá de morar com um deles, talvez consiga receber emocionalmente o amor oferecido por ambos.

Se os filhos receberem o tipo de amor correto nos momentos em que realmente precisam dele, poderão sair intactos dos sofrimentos causados pela separação e ter uma vida adulta satisfatória. Um exemplo disso é Bob Kobielush, presidente da Christian Camping Foundation [Fundação Acampamento Cristão]. O pai de Bob era um empresário bem-sucedido, e a mãe era dona de casa. Quando Bob era jovem, o pai abandonou os negócios para fazer parte de uma seita e mudou-se de casa diversas vezes com sua família de cinco meninos. Na época em que o pai ficou completamente incapacitado por causa de uma poliomielite, a família voltou ao estado de Wisconsin para morar perto dos parentes. Bob tinha 9 anos quando seus pais se divorciaram.

Por volta dessa época, Bob e os irmãos receberam a influência de cristãos e todos aceitaram a Cristo como seu Salvador. Sem nenhum meio de sustento, a mãe foi forçada a viver à custa do governo até conseguir empregos suficientes para sustentar a família. Mais tarde, ela concluiu sua graduação e formou-se professora.

Hoje, Bob e seus irmãos são felizes no casamento, bem-educados e produtivos. Bob diz: "Mamãe sempre se concentrava nos pontos positivos. Não falava sobre coisas negativas. Parecia que éramos uma família normal. Eu não sabia que não éramos. Não sei o que teria sido de nós sem uma mãe piedosa e sem parentes que serviram de exemplos de vida cristã. Sou grato a Deus por minha formação e por minha mãe, que nos criou sozinha".

Archibald Hart, reitor emérito da Escola de Psicologia do Seminário Fuller, na Califórnia, credita à força de sua família e a Deus o seu firme desenvolvimento num lar monoparental. Originária da África do Sul, a família Hart se separou depois de anos de conflito. A mãe de Archibald parecia mais feliz após o divórcio, mas as preocupações econômicas a forçaram a enviar o garoto e seu irmão para morar na casa dos avós. Os avós exerceram forte influência cristã na vida dos meninos e os motivavam dizendo: "Não há nada que vocês não possam fazer".

Hart dá este conselho aos pais que criam os filhos sozinhos: "Nada é imutável. Se agora você não tem uma estrutura de apoio, trate de construí-la e ficará surpreso ao ver como muitas pessoas reagirão a ela. Seus filhos serão mais maleáveis, produtivos e criativos se as circunstâncias forem apropriadas. Uma vida muito fácil não é boa para a alma".[4]

Mantenha a esperança e agarre-se aos sonhos que tem para seus filhos. Embora a situação pareça difícil agora, haverá um novo dia, um novo ano. Se você e seus filhos estão progredindo com firmeza e se distanciando da sensação de perda, se todos estão prosperando nas diversas áreas da vida, tenha certeza de que a melhora continuará. Ela se tornará um padrão, um hábito que não será facilmente esquecido.

> Mantenha a esperança e agarre-se aos sonhos que tem para seus filhos.

Suprindo a sua necessidade de amor

Apesar de termos falado principalmente da criança cujos pais se divorciaram, estamos perfeitamente cientes de que o pai ou a mãe que cria os filhos sozinho, desejoso de suprir as necessidades deles, também tem suas carências. Enquanto a criança luta com as emoções de culpa, medo, ira e insegurança, um dos pais — ou ambos — está também lutando com emoções semelhantes. A mãe abandonada pelo marido talvez encontre um novo companheiro; a mãe que obrigou o marido violento a ir embora de casa talvez lute com os próprios sentimentos de rejeição e solidão. A necessidade emocional dos pais separados é tão real quanto a necessidade de qualquer pessoa. Pelo fato de tal demanda não poder ser suprida pelo ex-cônjuge ou pelos filhos, é comum o pai ou a mãe procurar os amigos. Esse é um meio eficiente de começar a abastecer o próprio tanque de amor.

Uma palavra de cautela quando fizer novas amizades. A essa altura, você estará extremamente vulnerável a representantes do sexo oposto que poderão se aproveitar de seus momentos de fraqueza. Como carece desesperadamente de amor, há o grande perigo de aceitar o afeto de alguém que se aproveitará de você em termos sexuais, financeiros ou emocionais. Logo após a separação, é extremamente importante que você seja muito seletivo ao escolher novos amigos. A fonte de amor mais segura e confiável encontra-se nas amizades mais antigas, que conhecem os outros membros da família. O pai ou a mãe separado que tenta suprir suas necessidades de amor de maneira irresponsável pode colher resultados trágicos.

Você encontra uma tremenda reserva de amor em seus filhos, pois eles o amam de verdade — e precisam de seu amor. As psicólogas Sherill e Prudence Tippins dizem: "O melhor presente que você pode dar ao seu filho é sua saúde emocional, física, espiritual e intelectual".[5] Por mais doloroso que seja, a verdade é que você pode continuar cuidando sozinho de seus filhos por muitos anos. Durante esse tempo, seja ele curto ou longo, você desejará dar-lhes o exemplo de integridade e responsabilidade que pode marcar a caminhada deles rumo a uma vida adulta responsável.

12

Linguagens do amor no casamento

Alguém disse: "A melhor maneira de amar seus filhos é amar a mãe [ou o pai] deles". É verdade. A qualidade de seu casamento afeta grandemente a maneira como você se relaciona com seus filhos, bem como a forma pela qual eles recebem amor. Se seu casamento for saudável — o casal se trata com ternura, respeito e integridade —, você e seu cônjuge se sentirão e agirão como parceiros na criação dos filhos. Porém, se forem críticos, rudes e não amarem um ao outro, provavelmente não estarão em harmonia quanto à educação das crianças. E elas, sempre sensíveis aos sentimentos, perceberão isso.

Talvez esta observação seja óbvia agora: o elemento emocional mais importante para um casamento feliz e saudável é o amor. Assim como seus filhos têm um tanque emocional, você também tem. E o mesmo vale para o seu cônjuge. Queremos nos sentir muito amados por nosso cônjuge para que o mundo pareça maravilhoso. Quando, porém, o tanque de amor está vazio, temos aquele sentimento corrosivo: "Meu cônjuge não me ama de verdade", e todo o nosso mundo começa a parecer sombrio. Grande parte dos desvios e comportamentos inadequados no casamento se origina de tanques de amor vazios.

Grande parte dos desvios e comportamentos inadequados no casamento se origina de tanques de amor vazios.

Para sentir-se amado e fortalecer a sensação de seu filho de ser amado, você precisa falar a principal linguagem do amor de seu cônjuge. Concluímos *As 5 linguagens do amor das crianças* tratando das linguagens do amor dos adultos. Como marido ou esposa, você descobrirá que uma das cinco linguagens do amor lhe fala mais profundamente que as outras. Quando seu cônjuge lhe expressa amor nessa linguagem, você se sente verdadeiramente amado. Você gosta de todas as cinco linguagens, porém essa é especial.

Assim como ocorre com as crianças, os adultos também diferem uns dos outros. Raramente a linguagem do amor do marido coincide com a da esposa; portanto, não suponha que seu cônjuge fale sua linguagem ou a linguagem que você aprendeu com seus pais. Esses dois erros são comuns. Talvez seu pai tenha dito: "Filho, sempre dê flores a uma mulher. Nada é mais importante que dar flores". E você, então, oferece flores à sua esposa, mas isso não parece ser importante para ela. O problema não reside em sua sinceridade, mas no fato de que você não está falando a principal linguagem do amor de sua esposa. Ela gosta de flores, mas há outra linguagem que a sensibilizará mais.

Se o marido e a mulher não falarem a linguagem do amor um do outro, o tanque de amor dos dois não será completamente abastecido. Então, quando aquela intensa "paixão" começar a esfriar, as diferenças entre eles parecerão maiores e a frustração de ambos aumentará. Talvez eles se lembrem das ardentes emoções que sentiam e procurem recuperar aquele sentimento de "estar apaixonado" para que sejam felizes de novo. No entanto, não saberão como agir com o cônjuge, uma vez que a vida no lar se tornou monótona e previsível, muito distante de ser satisfatória.

Paixão ou amor

Muitas pessoas se casam porque estão apaixonadas uma pela outra e, durante esse período, veem o cônjuge como uma pessoa perfeita. Embora estejam cegas para as imperfeições do outro, elas também têm certeza de que sua experiência de amor é única e que são as primeiras a amar alguém com tanta intensidade. É claro que, com o tempo, os olhos se abrem e, depois de pôr os pés no chão, elas veem o cônjuge como ele realmente é, com todos os seus defeitos. A grande maioria das paixões termina sem amor.

A maioria das pessoas já se apaixonou, talvez várias vezes, e elas se lembram dessas experiências com gratidão porque não cometeram nenhuma tolice quando a paixão estava no auge. Porém, hoje em dia muitos agem com obsessão e causam grandes males à sua família. É assim que os casos extraconjugais começam: com a busca de um sentimento ilusório que talvez tenham vivido durante os tempos de namoro ou nos primeiros meses de casamento. Mas a diminuição de sentimentos não significa degeneração do amor.

Há uma diferença entre amar e estar apaixonado. O sentimento de estar apaixonado é temporário, uma reação emocional primitiva que quase sempre tem uma base lógica limitada. O amor genuíno é bem diferente porque coloca as necessidades do outro em primeiro lugar e deseja que ele cresça e tenha êxito. O amor legítimo permite que o parceiro escolha retribuir o amor. No casamento, todos nós precisamos de um parceiro que escolha nos amar. Quando isso acontece, aceitamos alegremente o amor que o outro nos oferece e ficamos emocionados porque nosso parceiro se beneficia de nossos esforços para amá-lo e fazê-lo feliz.

Esse amor exige sacrifício e muito trabalho. A maior parte dos casais chega a um ponto em que perde aquela paixão estimulante e começa a questionar-se se ainda há amor. É aí que eles precisam decidir se vão fazer o casamento dar certo, cuidar do cônjuge apesar de tudo ou simplesmente abandonar o relacionamento.

Você deve estar pensando: "Isso parece tão insípido. O amor é uma 'atitude' com um comportamento adequado?". Conforme mencionei no livro *As 5 linguagens do amor*, alguns cônjuges realmente gostam dos fogos de artifício da paixão e os desejam. Onde estão as explosões de estrelas, os balões coloridos, as emoções intensas? E aquele espírito de antecipar os pensamentos, o brilho no olhar, a eletricidade de um beijo, a excitação do sexo? E a segurança emocional de saber que eu ocupo o primeiro lugar nos pensamentos do meu cônjuge?

É evidente que desejar isso não é errado. Às vezes, esses sentimentos recompensam nosso compromisso com o casamento. Mas não devemos ter a expectativa de que sejam constantes. Ainda assim, precisamos que nosso parceiro abasteça o nosso tanque de amor. Ele o abastecerá se falar a linguagem do amor que nós entendemos.

Veja o que faltava no casamento de Carla, nas palavras dela. "Acho que Rick não me ama mais", ela disse à irmã um dia. "Nosso relacionamento é vazio e me sinto completamente só. Eu era a pessoa mais importante na vida de Rick, mas agora devo estar em vigésimo lugar na lista dele, depois de seu trabalho, do futebol, dos escoteiros, de sua família, do carro... Enfim, de tudo. Acho que se sente feliz por eu estar aqui, cumprindo minha parte, mas ele nem presta atenção em mim. Ele me dá belos presentes no Dia das Mães, no meu aniversário, no aniversário do casamento e sempre me manda flores nas datas certas, mas os presentes parecem vazios.

"Rick nunca tem tempo para mim. Não vamos juntos a nenhum lugar, não fazemos nada juntos como casal e quase não conversamos mais. Fico zangada só de pensar nisso. Antes eu lhe implorava para que ficasse um pouco de tempo comigo, e ele afirmava que eu o estava criticando. Disse que eu devia largar do pé dele e deixá-lo em paz. E mais: que eu devia ser grata por ele ter um bom emprego, não se envolver com drogas e não viver grudado em mim. Bem, desculpe-me, mas isso não basta. Quero um marido que me ame e aja como se eu fosse importante o suficiente para ele passar um tempo comigo."

Você identificou qual a linguagem do amor que Carla entende melhor e que Rick não utiliza? Rick está falando a linguagem dos presentes; Carla está clamando por tempo de qualidade. Nos primeiros anos, ela recebia os presentes dele como expressões de amor; mas, por ele não tomar conhecimento da principal linguagem do amor da esposa, o tanque dela está vazio, e os presentes já não contam muito.

Se Carla e Rick descobrirem a principal linguagem do amor um do outro e aprenderem a utilizá-la, o entusiasmo emocional do amor poderá retornar ao casamento. Não, não a euforia obsessiva e irracional da experiência da paixão, mas algo muito mais importante: um sentimento profundo de ser amado pelo cônjuge. Eles saberão que são a pessoa mais importante na vida um do outro, que se respeitam, se admiram e se apreciam como pessoas e que querem estar juntos, vivendo em parceria íntima.

Esse é o tipo de casamento com o qual as pessoas sonham e que pode tornar-se realidade quando os casais aprendem a falar regularmente a principal linguagem do amor um do outro. Isso os torna pais mais fortes, que trabalham como uma equipe e dão aos filhos a segurança e a sensação de que são amados. Vamos ver como isso pode ser posto em prática com as cinco linguagens do amor.

Palavras de afirmação

"Eu trabalho muito", disse Mark, "e tenho conseguido um sucesso razoável em meus negócios. Sou bom pai e, em minha opinião, bom marido. Tudo que desejo receber de minha esposa é um pouco de gratidão, mas só recebo críticas. Não importa o que eu faça ou quanto eu trabalhe, nunca é suficiente. Jane está sempre atrás de mim, pedindo alguma coisa. Não entendo. A maioria das mulheres ficaria feliz por ter um marido como eu. Por que ela é tão crítica?"

Mark está agitando desesperadamente uma bandeira com esta mensagem: "Minha linguagem do amor são palavras de afirmação. Alguém, por favor, me ame!".

Jane, porém, não conhece as cinco linguagens do amor, e Mark também não. Ela não consegue ver a bandeira que ele está agitando e não sabe nem de longe por que ele não se sente amado. O raciocínio dela é este: "Sou boa dona de casa. Cuido das crianças, trabalho em tempo integral e me mantenho atraente. O que mais ele quer? A maioria dos homens ficaria feliz por voltar para casa e encontrá-la limpa e com um bom jantar à mesa".

Provavelmente, Jane não sabe que Mark não se sente amado. Sabe apenas que de vez em quando ele explode e lhe diz que pare de criticá-lo. Se alguém perguntasse a Mark, talvez ele viesse a admitir que gosta de boas refeições e aprecia uma casa limpa, mas afirmaria que essas coisas não suprem sua necessidade emocional de amor. A principal linguagem do amor de Mark são palavras de afirmação e, sem elas, seu tanque de amor jamais estará cheio.

Para o cônjuge cuja principal linguagem do amor são palavras de afirmação, as expressões de apreço (faladas ou escritas) são como chuva sobre um jardim de primavera.

"Estou muito orgulhoso de você pela maneira como agiu naquela situação com Robert."

"Que comida deliciosa! Você merece um lugar na galeria da fama dos *chefs*."

"O gramado está lindo. Obrigado por me ajudar tanto."

"Uau! Você está lindíssima esta noite!"

"Faz muito tempo que não lhe digo, mas gosto de ver que você trabalha tanto para me ajudar com as contas da casa. Sei que isso às vezes é pesado para você e sou grato por sua grande ajuda."

"Eu a amo muito. Você é a esposa mais maravilhosa deste mundo!"

Palavras de afirmação podem ser escritas e pronunciadas. Antes do casamento, muitos de nós escrevíamos cartas e poemas. Por que não continuar ou reviver essa expressão de amor após o casamento? Se você tem dificuldade para escrever, compre um cartão e sublinhe as palavras que expressam seus sentimentos; se desejar, acrescente uma breve mensagem na parte inferior do cartão.

Diga palavras de afirmação na presença de outras pessoas da família ou de amigos e você ganhará muitos pontos. Seu cônjuge se sentirá amado e você terá dado aos outros um exemplo de como expressar palavras de afirmação. Elogie sua esposa na frente da mãe dela e você ganhará uma admiradora pelo resto da vida!

Se essas palavras forem ditas ou escritas com sinceridade, elas falarão muito alto a uma pessoa que privilegia essa linguagem do amor.

Tempo de qualidade

John escreveu-me uma carta depois de ter lido *As 5 linguagens do amor*.

"Pela primeira vez percebi por que Beth reclamava tanto de não passarmos tempo um com o outro. Sua principal linguagem do amor é tempo de qualidade. Antes, eu sempre a acusava de ser negativa, de não agradecer tudo que eu fazia por ela", John escreveu. "Sou uma pessoa de ação. Gosto de manter tudo limpo e organizado. No início de nosso casamento, eu sempre fazia consertos na casa, cuidava da aparência do jardim. Nunca entendi por que Beth não parecia valorizar todo o meu esforço e sempre reclamava por não passarmos tempo juntos.

"Quando tudo se aclarou em minha mente, percebi que ela gostava de minha ajuda, mas aquilo não a fazia sentir-se amada, porque os atos de serviço não são a principal linguagem do amor de minha esposa. Então, a primeira coisa que fiz foi planejar um fim de semana fora, só para nós dois. Não fazíamos isso havia anos. Quando ela soube dos meus planos, reagiu como uma criança que vai viajar nas férias."

Depois daquele fim de semana especial, John analisou o orçamento doméstico e decidiu que seria possível dar uma "fugida" com a esposa a cada dois meses. As viagens nos fins de semana os levaram a diferentes partes do estado no qual moravam. Sua carta continuava:

"Eu também disse a Beth que queria passar quinze minutos com ela todas as noites para conversarmos sobre o nosso dia. Ela achou ótimo, mas quase não acreditou que tomei essa iniciativa.

"Desde nosso primeiro fim de semana juntos, a atitude de Beth mudou completamente. Ela agradece todas as coisas que faço na casa. Também deixou de ser crítica. Sim, minha principal linguagem do amor são palavras de afirmação. Fazia anos que não nos sentíamos tão bem. Nosso único arrependimento é não ter conhecido as cinco linguagens do amor no início de nosso casamento".

A experiência de Beth e John é semelhante à de milhares de outros casais quando descobrem a principal linguagem do amor um do outro. Assim como John, precisamos aprender a principal linguagem do amor de nosso cônjuge e usá-la com frequência. Se você fizer isso, as outras quatro linguagens terão um significado ainda maior porque o tanque de amor de seu cônjuge estará sempre cheio.

Presentes

Todas as culturas humanas incorporam o ato de presentear como uma expressão de amor entre marido e mulher. Normalmente isso começa antes do casamento, na fase do namoro, como acontece nas culturas ocidentais, ou no período anterior ao matrimônio. No Ocidente, o homem é que costuma presentear a mulher, mas receber presentes pode ser também a principal linguagem do amor de alguns homens. Muitos maridos admitiram que, quando a esposa chega em casa e mostra as roupas que comprou para si mesma, eles pensam: "Eu gostaria de saber se ela pelo menos pensou em me comprar uma camisa, uma gravata ou um par de meias. Ela nunca se lembra de mim quando vai às compras".

Para os cônjuges cuja principal linguagem do amor são os presentes, a mensagem é esta quando os recebem: "Ele estava pensando em mim". Ou: "Veja o que ela comprou para mim". Em geral, é necessária muita reflexão antes de decidir comprar um presente, e é exatamente essa reflexão que comunica o amor. Chegamos a dizer: "É a lembrança que conta". No entanto, não é a lembrança que conta. Os presentes precisam ser oferecidos de verdade.

Talvez você não saiba que presente comprar. Se esse for o caso, peça ajuda. Quando Rob descobriu que a principal linguagem do amor da esposa era receber presentes, ele ficou completamente perdido e sem saber o que fazer porque não aprendeu a comprá-los. Por esse motivo, convocou sua irmã para acompanhá-lo uma vez por semana quando fosse comprar um presente à esposa. Depois de três meses, ele já conseguia escolher os presentes sozinho.

Bill, marido de Cindy, gostava de jogar golfe, e ela sabia que ele adoraria ganhar um presente relacionado com esse esporte. Mas o que comprar? Ela não conhecia quase nada sobre o assunto. Decidiu, então, recorrer a um companheiro de golfe de Bill. Duas vezes por ano, pedia-lhe que comprasse um presente relacionado com o esporte, para depois oferecê-lo ao marido. Bill sempre ficava exultante ao ver que ela estava em perfeita harmonia com seus desejos.

Bart era um homem que trajava terno e gravata cinco dias por semana. Uma vez por mês, sua esposa, Annie, visitava a loja onde ele comprava seus ternos e pedia ao vendedor que escolhesse uma gravata para o marido. O vendedor mantinha uma lista das compras de Bart; assim, as gravatas sempre combinavam com os ternos. Bart contava a todo o mundo que tinha uma esposa muito atenciosa.

É claro que a esposa deve ter dinheiro disponível para comprar presentes para o marido. Se ela não trabalhar fora, pode ser que, ao conversar sobre o orçamento familiar com o marido, eles concordem que ela precisa dispor de uma quantia mensal para comprar presentes. Se os presentes forem a principal linguagem do amor do marido, ele ficará feliz em fazer esse ajuste no orçamento doméstico.

Há sempre um jeito de aprender a falar a principal linguagem do seu cônjuge. Talvez isso exija um pouco de criatividade, mas não existe nenhuma lei que diga que você tem de repetir exatamente o que os outros fazem. Escolha presentes relacionados com o passatempo de seu cônjuge ou com alguma atividade que ele ou ela esteja começando a experimentar. Ou compre um presente quando passarem juntos um ou dois dias fora de casa. Reserve uma mesa no restaurante que vocês gostam de frequentar ou compre ingressos para uma peça de teatro ou um concerto. Ou, então, contrate um profissional para realizar alguns reparos na casa ou no jardim. Se vocês têm filhos pequenos, uma ideia é levar sua esposa para descansar uns dias numa pousada tranquila. O presente para seu cônjuge pode ser um novo aparelho de som ou, ainda, o conserto de um antigo piano que ele ou ela valoriza tanto.

Atos de serviço

Andy estava lívido enquanto conversava com um conselheiro.

"Não entendo. Sarah dizia que queria ser mãe em período integral, e não vi problema nisso porque ganho o suficiente para sustentar a família. Mas, se ela não sai o dia inteiro, não entendo por que não consegue deixar a casa em ordem. Quando chego à noite, parece que estou pisando o palco de uma tragédia. Cama desarrumada. A camisola dela sobre a cadeira. Roupas limpas empilhadas em cima da secadora. Brinquedos do bebê espalhados pela casa inteira. Se faz compras, deixa tudo dentro dos sacos. E ela fica vendo televisão, sem se preocupar com o que vamos jantar.

"Estou farto de viver num chiqueiro. Tudo que peço é que mantenha a casa com um mínimo de decência. Ela não precisa fazer o jantar todas as noites. Podemos jantar fora duas vezes por semana."

A principal linguagem do amor de Andy são atos de serviço, e o medidor de seu tanque de amor está marcando zero. Para ele, tanto fazia se Sarah ficasse em casa ou trabalhasse fora; ele só queria viver num lugar onde houvesse um pouco mais de ordem. Achava que, se a esposa realmente se importasse com ele, demonstraria isso cuidando melhor da casa e preparando as refeições várias vezes na semana.

Sarah não era, por natureza, uma pessoa organizada. Era criativa e gostava de inventar atividades empolgantes com as crianças. Colocava o relacionamento com os filhos num grau de prioridade maior do que manter a casa limpa. Falar a principal linguagem do amor de Andy — atos de serviço — lhe parecia quase impossível.

A história desse casal poderá ajudar você a entender por que utilizamos a metáfora da linguagem. Se você cresceu falando português, talvez tenha muita dificuldade em falar alemão ou japonês. De modo semelhante, aprender a linguagem dos atos de serviço pode ser uma tarefa difícil. Quando, porém, você passa a entender que essa é a principal linguagem do amor de seu cônjuge, pode buscar um meio de falar essa linguagem fluentemente.

Para Sarah, a resposta foi convidar uma adolescente vizinha para brincar todas as tardes com as crianças. Dessa forma, poderia cuidar da casa e mostrar ao marido que o amava. Em troca pelos serviços prestados pela adolescente,

Sarah passou a ajudá-la com as lições de álgebra alguns dias por semana. Sarah também planejou preparar o jantar três vezes por semana, começando de manhã e dando os toques finais à noitinha.

Outra esposa em situação semelhante decidiu, de comum acordo com uma amiga, fazer um curso básico de culinária numa escola técnica da cidade. Elas cuidavam dos filhos uma da outra durante o período de aula e sentiam-se entusiasmadas por conhecer novas pessoas na classe.

Fazer algo que você sabe que será do agrado de seu cônjuge é uma das linguagens do amor mais importantes. Atitudes como esvaziar a lavadora, ir à farmácia para aviar uma receita médica, mudar os móveis de lugar, podar os arbustos e limpar banheiros são maneiras de prestar serviço. Pode ser algo simples, como arrumar os papéis na mesa de trabalho ou trocar a fralda do bebê. Não é difícil descobrir o que seu cônjuge mais deseja. Repare no que ele mais reclama. Se puder realizar esses atos de serviço como expressões de amor, eles parecerão muito mais nobres do que se você considerá-los tarefas enfadonhas sem nenhum significado.

Não é difícil descobrir o que seu cônjuge mais deseja. Repare no que ele mais reclama.

Toque físico

Não podemos equiparar o toque físico somente ao aspecto sexual do casamento. Certamente, fazer amor envolve tocar a outra pessoa, mas o toque físico como expressão amorosa não deve se limitar ao ato sexual. Colocar a mão no ombro de seu cônjuge, passá-la sobre os cabelos dele, massagear seu pescoço ou costas, tocá-lo no braço enquanto ele lhe serve uma xícara de café — todos esses contatos são expressões de amor. É claro que o amor também é expresso ao dar as mãos, beijar e abraçar, assim como durante as preliminares e o ato sexual. Para o cônjuge cuja principal linguagem do amor é toque físico, essas são as vozes mais audíveis do amor.

"Quando meu marido passa alguns minutos massageando minhas costas, sei que ele me ama. Ele está concentrado em mim. Cada movimento de suas mãos diz: 'Amo você'. Sinto-me muito próxima dele quando está me tocando." Jill está claramente revelando sua principal linguagem do amor: toque físico. Talvez ela goste de presentes, palavras de afirmação, tempo de qualidade e atos de serviço; porém, a comunicação emocional mais profunda ocorre mediante o toque físico do marido. Sem isso, as palavras parecem vazias, os presentes e o tempo não são importantes e os atos de serviço não têm muita serventia. Se, porém, ela estiver sendo tocada fisicamente, seu tanque de amor estará abastecido, e o amor expresso nas outras linguagens fará esse reservatório transbordar.

Uma vez que o impulso sexual masculino se baseia no toque físico, enquanto o desejo sexual feminino se baseia em emoções, os maridos costumam presumir que privilegiam o toque físico como linguagem do amor. Isso é particularmente verdadeiro para aqueles cujas necessidades sexuais não são satisfeitas com regularidade. Quando seus desejos de satisfação sexual sobrepujam as necessidades de amor, eles pensam que sua principal necessidade é essa. Se, no entanto, as carências sexuais forem supridas, eles podem vir a discernir que o toque físico não é sua principal linguagem de amor. Um modo de descobrir é observar até que ponto o homem gosta do toque físico desassociado do ato sexual. Se esse tipo de expressão amorosa não estiver em primeiro lugar na lista dele, provavelmente o toque físico não é sua principal linguagem de amor.

Descubra e fale a linguagem do amor de seu cônjuge

Você deve estar se perguntando: "Isso funciona realmente? Vai fazer diferença em meu casamento?". A melhor maneira de descobrir é tentar. Se você não sabe qual é a principal linguagem do amor de seu cônjuge, poderá pedir-lhe que leia este capítulo e depois conversem sobre isso. Se ele não demonstrar interesse em ler nem em falar sobre o assunto, talvez você tenha de usar o método da adivinhação. Pense nas queixas mais comuns, nos pedidos e no comportamento dele. A linguagem que ele utiliza com você e com os outros também pode fornecer pistas.

Se considerar que sua suposição está certa, concentre-se nessa linguagem do amor e observe o que acontecerá durante as próximas semanas. Se seu julgamento foi correto, é possível que você veja uma mudança na atitude e no humor de seu cônjuge. Se ele lhe perguntar por que está agindo de modo tão estranho, diga que leu um texto sobre linguagens do amor e está tentando amá-lo melhor. Há boas probabilidades de que ele queira saber mais a respeito do assunto; talvez vocês queiram ler *As 5 linguagens do amor* juntos e também compartilhem uma releitura deste livro.

Falem a principal linguagem do amor um do outro periodicamente e vejam a enorme diferença que isso provocará em seu casamento. Com os dois tanques de amor completamente abastecidos, vocês terão mais capacidade de encher o tanque de amor de seus filhos e acharão seu casamento e a vida familiar muito mais agradáveis.

Fale a principal linguagem do amor de seu cônjuge. Fale a linguagem do amor de seus filhos. E, quando perceber a diferença, compartilhe a mensagem deste livro com seus parentes e amigos. De família em família, poderemos criar uma sociedade mais amorosa. O que você fizer para amar sua família fará diferença neste mundo.

Epílogo

O que ainda está por vir

Quando você reconhecer e começar a falar a principal linguagem do amor de seus filhos, o resultado será um relacionamento familiar mais sólido e muitos benefícios, tanto para você quanto para eles. Conforme dissemos no capítulo 1, falar a principal linguagem do amor de seus filhos não significa que todos os problemas familiares terão fim, mas poderá trazer estabilidade ao seu lar e esperança para os filhos. Trata-se de uma oportunidade maravilhosa.

É possível, porém, que você tenha dúvidas e outras preocupações ao começar a falar uma nova linguagem do amor, ou seja, questões quanto ao seu passado ou suas habilidades atuais. Elas também representam oportunidades. Analisaremos agora essas oportunidades especiais que você tem diante de si, seja qual for seu passado ou situação atual.

Pode parecer que o leitor ideal para este livro seja um casal começando uma família ou com filhos muito pequenos. Sabemos, no entanto, que alguns de nossos leitores têm em casa filhos mais velhos e até filhos adultos. Você deve estar pensando: "Se eu tivesse lido este livro antes... Agora é um pouco tarde". Muitos pais se lembram de como lidaram com a família e acham que não foram eficientes para suprir as necessidades emocionais dos filhos. E agora esses filhos talvez já sejam adultos e também tenham filhos.

Se você é um desses pais arrependidos, provavelmente se questiona, quando olha para trás, por que as coisas não deram certo. Pode ser que seu trabalho o tenha forçado a passar muito tempo longe de casa nos anos mais importantes da criação dos filhos. Ou quem sabe sua infância turbulenta não o tenha preparado para ser pai ou mãe. Ou ainda você tenha passado a vida inteira com o tanque de amor tão vazio que nunca aprendeu a expressar amor a seus filhos.

Embora tenha aprendido muito desde aquele tempo até agora, você concluiu: "O que passou já era, e não há muito que eu possa fazer agora". Gostaríamos de lhe sugerir outra possibilidade: "O que ainda está por vir". As oportunidades ainda existem. Os relacionamentos humanos apresentam um aspecto maravilhoso: não são estáticos. O potencial para torná-los melhor está sempre presente.

Para ter um relacionamento mais próximo com seus filhos adolescentes ou adultos, talvez seja necessário derrubar muros e construir pontes — um trabalho muito árduo, mas gratificante. Pode ser que tenha chegado a hora de admitir a seus filhos aquilo que já admitiu a si mesmo: você não foi eficiente na arte de expressar amor em termos emocionais. Se eles ainda moram com você ou nas proximidades, faça isso frente a frente. Olhe nos olhos deles e peça perdão. Ou talvez seja necessário expor seus sentimentos numa carta, na qual você fará um sincero pedido de desculpas e expressará a esperança de um relacionamento mais positivo daqui em diante. Não é possível apagar o passado, mas você poderá criar um futuro diferente.

Talvez você não tenha sido apenas um comunicador medíocre, mas também tenha abusado de seus filhos em termos emocionais e físicos. Talvez o álcool ou outras drogas tenham contribuído para seus equívocos ou, então, o sofrimento e a imaturidade tenham provocado vítimas de sua ira. Qualquer que tenha sido o seu erro, nunca é tarde demais para implodir os muros. Você só poderá construir pontes depois de derrubá-los. (Se ainda estiver maltratando seus filhos, provavelmente necessitará de um conselheiro experiente para ajudá-lo a eliminar esse comportamento destrutivo.)

A atitude mais positiva a tomar quanto aos erros do passado é confessá-los e pedir perdão. Você não poderá apagar os atos do passado nem suas consequências. Mas poderá viver a experiência de uma limpeza emocional e espiritual por meio da confissão e da possibilidade de perdão. Mesmo que seus filhos não expressem o perdão verbalmente, eles passarão a respeitá-lo mais, porque você foi maduro o suficiente para admitir seus erros. Com o tempo, talvez se tornem mais sensíveis a seus esforços para construir pontes. E quem sabe chegará o dia em que lhe darão o privilégio de ter um relacionamento mais próximo com eles — e com os filhos deles.

Mesmo que se ressinta do pai ou mãe que foi, você pode começar agora mesmo a amar seus filhos de maneiras que os farão sentir-se verdadeiramente valorizados. E, quando eles tiverem os próprios filhos, você saberá que influenciou outra geração de sua família, seus netos, que agora terão mais oportunidades de receber amor incondicional por toda a vida.

Com o tanque de amor completamente abastecido, seus netos serão mais receptivos e ativos em termos intelectuais, sociais, espirituais e relacionais do que se viverem com o tanque vazio. Quando as crianças se sentem genuinamente amadas, o mundo delas se torna mais brilhante. Seu espírito tem mais segurança, e elas têm muito mais chances de atingir seu potencial, para o bem da humanidade.

Eu (Gary) sonho com o dia em que todas as crianças crescerão em lares repletos de amor e segurança, nos quais a energia delas será canalizada para aprender e servir, em vez de desejar e procurar o amor que não receberam em casa. Anseio que este livro ajude esse sonho a se tornar realidade na vida de muitas crianças.

Gary mencionou a oportunidade de limpeza emocional e espiritual por meio do perdão. Eu (Ross) encorajo você a lembrar-se da dimensão espiritual de ser pai ou mãe. A maior fonte de encorajamento que encontrei como pai são as promessas de

Deus. Minha esposa, Pat, e eu temos encontrado muitas pontes difíceis de atravessar — inclusive o nascimento de uma filha com grave deficiência mental — e podemos assegurar que Deus está sempre por perto, pronto a nos socorrer, a honrar cada uma de suas maravilhosas promessas. Minhas promessas favoritas para os pais encontram-se em Salmos 37.25-26: "Fui jovem e agora sou velho, mas nunca vi o justo ser abandonado, nem seus filhos mendigarem o pão. O justo é generoso e empresta de boa vontade, e seus filhos são uma bênção".

Apeguei-me a esses dois versículos bíblicos há muitos anos e tenho posto essas promessas à prova numerosas vezes. Nunca vi o justo desamparado. E tenho visto os filhos dos justos serem abençoados e tornarem-se bênção.

Vi meus filhos crescerem e amadurecerem de diversas formas; de fato, sinto que Deus os está abençoando e que verdadeiramente sou filho dele. Pat e eu passamos por diversas provações durante as quais tivemos muitas dificuldades para enxergar o caminho, mas Deus sempre nos socorreu e nos tirou delas.

Quero encorajá-lo na sua missão de pai. Seja qual for a situação presente ou futura, Deus nunca o abandonará. Ele sempre estará por perto para conduzi-lo até o fim. Ao criar filhos, você terá oportunidades de desenvolver os aspectos espirituais da vida deles — e da sua.

O profeta Isaías, ao declarar as palavras de Deus no Antigo Testamento, escreveu: "Não tenha medo, pois estou com você; não desanime, pois sou o seu Deus. Eu o fortalecerei e o ajudarei; com minha vitoriosa mão direita o sustentarei" (Is 41.10).

Um versículo como esse poderá sustentá-lo durante os tempos difíceis da vida e na criação dos filhos. Certamente tem sustentado a Pat e a mim. Sem as afirmações e as promessas de Deus, sei que nossa história teria sido muito diferente.

O salmista chama os filhos de "presente do SENHOR", "recompensa", "flechas na mão do guerreiro" (Sl 127.3-4). Eles são a dádiva mais maravilhosa que recebemos. Se significam tanto para Deus, deveriam significar tudo para nós, seus pais. Gostaria de sugerir que você fizesse uma lista das "exigências" para ser um bom pai. E, por ser um pai zeloso, não permita que a palavra *exigência* o faça sentir-se pressionado ou culpado. Essas exigências devem ajudá-lo a sentir-se bem quanto à sua autoridade e ao seu papel de pai. Relaxe e desfrute verdadeiramente o relacionamento com seus filhos.

Quando meu primeiro filho nasceu, eu me sentia preocupado; estava inseguro com relação ao meu papel de pai. Mas descobri que não é difícil satisfazer essas exigências quando o pai entende as necessidades do filho. A melhor notícia é que quase todos os pais zelosos são capazes de fazer isso.

Insisto que você faça sua lista de exigências. Comece com alguns itens e, mais tarde, acrescente outros que desejar. Quando você se perceber satisfazendo as exigências, terá certeza de que seu filho tem um bom pai; então, poderá relaxar e curti-lo. Seria muito difícil descrever quanto essa segurança tem me ajudado. Na verdade, logo descobri que era um pai melhor do que imaginei que seria.

A maioria das "exigências" para ser um bom pai foi elencada neste livro. Se quiser fazer uma lista, posso dar-lhe um começo. Mas a lista não ficará completa nem será sua enquanto você não incluir nela seus pensamentos e palavras. Esta é a minha lista pessoal de "Exigências para ser um bom pai":

1. Manter o tanque emocional de meu filho sempre cheio — falar as cinco linguagens do amor.
2. Utilizar os meios mais positivos possíveis para controlar o comportamento de meu filho: pedir, dar ordens, oferecer toque físico carinhoso, castigar e mudar o comportamento.
3. Disciplinar meu filho com amor. Perguntar: "De que esta criança necessita?" e depois agir de maneira lógica.

4. Fazer o melhor para lidar com minha ira de maneira adequada e não descarregá-la em meu filho. Ser agradável, porém firme.
5. Esforçar-me ao máximo para treinar meu filho a usar de maturidade ao lidar com a ira.

Espero que você não demore em fazer sua lista. Quando perceber que é capaz de pôr em prática o que incluiu nela, conseguirá relaxar e curtir seus filhos. E eles se sentirão cada vez mais seguros em tudo.

Para pais e filhos:

O jogo do mistério das linguagens do amor

Para pais com filhos de 5 a 8 anos

Muitos pais têm dúvidas a respeito da linguagem do amor do filho, e devemos reconhecer que descobrir a linguagem do amor de uma criança pequena exige um pouco de conjectura. Por quê? Porque os pequeninos não conseguem verbalizar sua linguagem do amor. No entanto, para crianças dos 5 aos 8 anos, você poderá tentar o seguinte exercício. Peça a seu filho que desenhe ou mencione algumas atitudes de pais que amam os filhos. Não tente orientá-lo nem conduzi-lo nos desenhos ou nas palavras, nem limitar suas reações ou exigir mais respostas do que ele está preparado para dar no momento em que você perguntar. Dependendo do grau de atenção da criança e da ocasião, você receberá muitas respostas ou apenas algumas. Se o processo lhe parecer lento, talvez você queira explorar secretamente o assunto do amor com seu filho durante mais ou menos uma semana, até que seja capaz de deduzir qual é a percepção dele sobre esse sentimento.

Ao ler livros, ver televisão ou assistir a um filme juntos, escolha um personagem infantil e pergunte a seu filho: "Como você sabe que a mamãe ou o papai gosta daquele menino ou daquela menina?". Você também pode fazer uma experiência proposital expressando amor nas cinco linguagens durante uma semana. O progresso será subjetivo, mas a mistura de todas as sugestões — analisar as palavras ou desenhos de seu filho, ouvir as respostas dele sobre outros pais e filhos e "medir" a reação dele quando você expressar as cinco linguagens do amor — deverá ser suficiente para ajudá-lo a identificar corretamente a linguagem do amor que ele privilegia. Se tiver a chance de conversar com seu filho num momento em que ele estiver bem-humorado e com disposição para falar, você será capaz de descobrir o que ele considera manifestações amorosas apropriadas por parte dos pais. Procure um tema ou uma repetição nas palavras dele e, a partir desse ponto, você poderá determinar corretamente qual é a linguagem do amor de seu filho.

Para pais com filhos de 9 a 12 anos

Quando chega aos 9 anos, a criança tem mais capacidade de identificar e expressar seus sentimentos de amor do que quando era mais nova. Apesar disso, os pais ainda precisam ter em mente que, nessa idade, a atenção e o interesse das crianças são limitados quando se trata de determinar qual é sua linguagem do amor. O "jogo" a seguir poderá auxiliá-lo em sua pesquisa.

Diga a seu filho que você precisa de ajuda para resolver "O jogo do mistério das linguagens do amor". Explique que você necessita da colaboração dele para olhar uma lista de "pistas" e que essas pistas são comentários que os pais fazem às vezes aos filhos. Seu filho examinará um conjunto de vinte blocos de pistas, cada um com dois comentários. Ele deverá escolher um comentário em cada bloco. Explique que, uma vez examinadas todas as pistas, vocês dois contarão aquelas nas quais seu filho fez um círculo e resolverão o mistério. Se ele perguntar qual é ou o que significa esse "mistério", apenas comente que se trata de um jogo no qual os pais tentam aprender o que torna seus filhos felizes ou o que eles gostariam que os pais lhes dissessem.

Para dar um efeito de jogo, escreva secretamente numa folha de papel qual é, em sua opinião, a linguagem do amor de seu filho (A = toque físico; B = palavras de afirmação; C = presentes; D = atos de serviço; E = tempo de qualidade), isto é, em que letra ele fará um círculo com mais frequência. Não deixe que ele veja o que você escreveu, mas diga que tentou adivinhar e que, no fim do jogo, descobrirá se acertou. Depois que seu filho terminar, ajude-o a contar as respostas e a transferi-las para os respectivos espaços em branco. Revele sua suposição e pergunte ao seu filho se você acertou.

Seu filho entenderá que essa atividade é uma espécie de jogo para ver se a resposta dele ao "mistério" foi a mesma que a sua. Ele não saberá que você está usando essa informação para confirmação posterior ou para esclarecer que você adivinhou qual era a linguagem dele. As crianças sempre esperam uma "recompensa" no fim de um jogo; portanto, quando a "solução do mistério" for apresentada, diga ao seu filho que, mesmo que as respostas de ambos não tenham sido iguais, vocês vão comemorar e se divertir juntos (comer um lanche favorito, ver um filme, deixar seu filho escolher a brincadeira preferida dele etc.).

Algumas crianças ajudarão na "solução do mistério" e ficarão satisfeitas sem fazer perguntas. Se por acaso seu filho quiser saber mais sobre esse tal mistério para o qual você lhe pediu ajuda, explique rapidamente as linguagens do amor e diga-lhe que você só queria ter certeza de que ele reconhece e aceita seu amor. Dependendo do nível de maturidade de seu filho, ele conseguirá expressar seus pensamentos sobre o assunto e, mais tarde, deixar claro qual é a sua linguagem do amor.

Agora você está pronto para apresentar ao seu filho "O jogo do mistério das linguagens do amor". Antes do "jogo", há algumas explicações que ajudarão seu filho a marcar os pontos. Dependendo da idade dele e das perguntas que possa fazer, esteja preparado para ler as instruções para ele e responder a todas as perguntas que lhe forem feitas. Esteja também preparado para ajudar seu filho a marcar os pontos, ajudando-o a contar quantas vezes que ele fez um círculo em cada letra (A, B, C, D, E). Finalmente, se seu filho precisar de ajuda para transferir os pontos para os respectivos lugares em branco, ofereça-se para auxiliá-lo. Divirta-se desvendando o mistério da linguagem do amor de seu filho!

O jogo do mistério das linguagens do amor

Cada bloco com as pistas apresenta duas frases que, às vezes, os pais dizem aos filhos. Leia cada uma e escolha a frase da qual você mais gosta e que gostaria que sua mãe ou seu pai lhe dissesse. Em seguida, faça um círculo na letra que acompanha o comentário. Preste atenção: você deve circular somente uma letra de cada bloco! Depois que terminar os vinte blocos, volte e conte quantas letras A, B, C, D e E estão circuladas. Anote seus pontos nos espaços em branco indicados no final do jogo. Se tiver dúvidas, peça ajuda ao papai ou à mamãe. Divirta-se desvendando o mistério da linguagem do amor.

1	Quero um abraço!	A
	Você é espetacular!	B
2	Comprei um presente de aniversário para você!	C
	Vou ajudar você no seu trabalho.	D
3	Vamos ao cinema.	E
	Toca aqui!	A
4	Você é muito inteligente!	B
	Você já fez sua lista de Natal?	C
5	Você me ajuda a preparar o jantar?	D
	Quero ir a lugares divertidos com você!	E

6	Venha me dar um beijo!	A
	Você é a pessoa mais importante para mim!	B
7	Tenho uma surpresa para você.	C
	Que tal fazermos alguma coisa bem legal?	D
8	Vamos ver televisão juntos!	E
	Te peguei! Agora é sua vez	A
9	Parabéns pelo seu trabalho!	B
	Você merece uma surpresa especial!	C
10	Convide seus amigos.	D
	Vamos ao seu restaurante predileto.	E
11	Vou ficar bem juntinho de você!	A
	Você é uma criança espetacular!	B
12	Fiz seu prato favorito.	C
	Vi seus deveres de casa. Estão ótimos!	D
13	É muito divertido estar com você!	E
	Vamos apostar uma corrida!	A
14	Puxa! Você conseguiu!	B
	Há um presente para você embaixo da cama!	C
15	Arrumei seu quarto.	D
	Vamos jogar algo juntos.	E
16	Você quer que eu coce suas costas?	A
	Você é capaz! Não desista!	B
17	O que você gostaria de ganhar no seu aniversário?	C
	Podemos pegar seu amigo a caminho do cinema.	D
18	Sempre gosto de fazer coisas com você.	E
	É muito gostoso abraçar você!	A
19	Como você conseguiu? Que garoto inteligente!	B
	Não vejo a hora de dar seu presente!	C
20	Não se preocupe! Vou buscá-lo a tempo!	D
	Vamos passar o dia fazendo o que você quiser!	E

- Em quantas letras **A** você fez um círculo? ___
  A representa toque físico. As pessoas que comunicam amor por meio dessa linguagem gostam de receber abraços e beijos; também apreciam um "Toca aqui!".
- Em quantas letras **B** você fez um círculo? ___
  B representa palavras de afirmação. As pessoas que comunicam amor por meio dessa linguagem gostam que os outros digam que elas são especiais e excelentes no que fazem.
- Em quantas letras **C** você fez um círculo? ___
  C representa presentes. As pessoas que comunicam amor por meio dessa linguagem se sentem bem quando alguém lhes dá um presente ou lhes faz uma surpresa.
- Em quantas letras **D** você fez um círculo? __
  D representa atos de serviço. As pessoas que comunicam amor por meio dessa linguagem gostam quando os outros fazem aquilo que elas deveriam fazer, como ajudar nos trabalhos rotineiros e nos deveres de casa ou dar-lhes carona.
- Em quantas letras **E** você fez um círculo? ___
  E representa tempo de qualidade. As pessoas que comunicam amor por meio dessa linguagem gostam quando os outros fazem alguma atividade com elas, como ver um filme, comer fora ou jogar algo juntos.

Agora pergunte ao papai ou à mamãe em que letra você fez mais círculos. Escreva a letra neste espaço em branco: ___

Seu pai ou sua mãe escolheram a mesma letra que você durante o jogo do mistério das linguagens do amor? Faça um círculo: Sim Não

PARABÉNS! Você solucionou o mistério das linguagens de amor e descobriu qual é a sua! Muito bem!

Leitura adicional

BENNETT, William. *O livro das virtudes*. Rio de Janeiro: Nova Fronteira, 1996.

CAMPBELL, Ross. *Filhos felizes*. São Paulo: Mundo Cristão, 1996.

______. *Como realmente amar seu filho*. São Paulo: Mundo Cristão, 2005.

______. *Como realmente amar seu filho adolescente*. São Paulo: Mundo Cristão, 2005.

______. *Como realmente amar seu filho rebelde*. São Paulo: Mundo Cristão, 2005.

CHAPMAN, Gary. *As 5 linguagens do amor*. São Paulo: Mundo Cristão, 2006.

CARTER, Les; MINIRTH, Frank. *O manual da raiva*. Rio de Janeiro: Thomas Nelson Brasil, 2014.

LEMAN, Kevin. *Transforme seu filho até sexta*. São Paulo: Mundo Cristão, 2009.

POTTER, Beatrix. *As aventuras de Pedro Coelho*. São Paulo: Companhia das Letrinhas, 2014.

______. *Pedro carteiro*. São Paulo: Companhia das Letrinhas, 2014.

TRIPP, Tedd. *Pastoreando o coração da criança*. São José dos Campos: Fiel, 2006.

Notas

Capítulo 1

1 Lori Gottlieb, "How to Land Your Kid in Therapy", *Atlantic*, jul./ago. 2011, p. 64-78.

2 Chicago, IL: Moody, 2004.

Capítulo 2

1 Bloomington, MN: Bethany House, 2006.

Capítulo 3

1 Helen P. Mrosla, "All The Good Things", *Reader's Digest*, out. 1991, p. 49-52.

Capítulo 4

1 Sandy Dengler, *Susanna Wesley* (Chicago, IL: Moody, 1987), p. 171.

Capítulo 9

1 *The Origins of Human Competence* (Lexington, MA: D.C. Health and Company, 1979), p. 31.

2 Rio de Janeiro: Intrínseca, 2011.

Capítulo 11

1 *United States Census Bureau*, disponível em <www.census.gov>. Acesso em: 25 de maio de 2017.

2 Nova York: Ticknor & Fields, 1990.

3 "Parenting after Divorce: What Really Happens and Why", disponível em: <www.huffingtonpost.com/judith-wallerstein/parenting-after-divorce-w_b_787115.html>. Acesso em: 25 de maio de 2017.

4 Lynda Hunter, "Wings to Soar", *Single Parent Family*, mai. 1996, p. 7.

5 *Two of Us Make a World* (Nova York: Henry Holt, 1995), p. 56.

Obras do mesmo autor:

- A criança digital
- A essência das cinco linguagens do amor
- A família que você sempre quis
- Acontece a cada primavera
- Ah, se eu soubesse!
- Amor & lucro
- Amor é um verbo
- As cinco linguagens da valorização pessoal no ambiente de trabalho
- As cinco linguagens do amor
- As cinco linguagens do amor de Deus
- As cinco linguagens do amor dos adolescentes
- As cinco linguagens do amor na prática
- As cinco linguagens do amor para colorir
- As cinco linguagens do amor para homens
- As cinco linguagens do amor para solteiros
- As cinco linguagens do perdão
- As quatro estações do casamento
- Brisa de verão
- Casados e ainda apaixonados
- Como lidar com a sogra
- Como mudar o que mais irrita no casamento
- Como reinventar o casamento quando os filhos nascem
- Comunicação & Intimidade
- Do inverno à primavera
- Escolha a grandeza
- Faça você mesmo
- Fazer amor
- Incertezas do outono
- Inesperada graça
- Lições de vida e linguagens do amor
- Não aguento meu emprego
- O casamento que você sempre quis
- O que não me contaram sobre casamento
- Promessas de Deus para abençoar seu casamento
- Visto. Conhecido. Amado.
- Zero a zero

Compartilhe suas impressões de leitura,
mencionando o título da obra, pelo e-mail
opiniao-do-leitor@mundocristao.com.br
ou por nossas redes sociais

Esta obra foi composta com tipografia Minion Pro e Europa
e impressa em papel Pólen Natural 70 g/m² na gráfica Imprensa da fé